JN117898

文化的談話分析
中国を探る理論・方法

施 旭

[著]

袁 園

[訳]

文化话语研究
探索中国的理论
方法与问题

Cultural Discourse Studies

Shin Xu

Yuan Yuan

八朔社

This book was funded by
"Chinese Fund for the Humanities and Social Sciences"

序　論

　改革開放 40 年の間に，中国の学者はすでに西洋の談話研究に関する翻訳，紹介をたくさんしてきた。しかし，現在の段階では談話研究はただ外国語習得における科目の一つにすぎず，ほかの社会科学分野において広範に理解され，受け入れられたわけではなく，また，中国文化の特色ある学術体系になったわけでもない。本書では，談話研究における中国化の方向性を示そうと思う。言語，文学やコミュニケーションを研究する学者と学生から，ほかの人文科学・社会科学を探る学者と学生にいたるまで，談話視点が中国社会文化を研究する上で特別な役割を担うこと，談話研究が中国においてローカライズとグローバル化へのヒントとなることを認識してほしい。

　この本にある一部の章節の初期（中国語，英語）のものはいくつかの定期刊行物で発表された。ここでは *Journal of Multicultural Discourses*，『当代中国談話研究』『中国社会言語学』『文化芸術研究』『ニュースと伝播研究』『浙江大学学報』『社会学科報』などの刊行物の協力を特別に感謝したい。

西子湖畔にて　施　旭

はじめに

　談話分析または談話学，談話研究（Discourse Analysis）は現代人文科学・社会科学における重要な分野である。伝統的な言語学では言語をコンテキストから切り離して抽象的に記述するが，談話分析は社会生活にある言語現象と言語問題に注目し，社会生活そのものに切り込む。社会生活に切り込んだからこそ，ほかの人文科学・社会科学にも影響を与え，それらの研究方法と手段となった。そのほか，談話分析は言語に対して特有な敏感性があるから，一部の学科はこれを借りて自分自身を省み，研究のパラダイム転換を促進する。この数十年の発展により，談話分析は国際学術分野で輝かしい成果を収めたと言っても過言ではない。ほかの社会科学・人文科学と比べれば，談話分析が凄まじい勢いで発展しており，ほかの学科に与える影響も拡大しつつある。

　しかし，ここで指摘しなければならないのは批判的談話分析を含め，国際的な談話分析の主流は西洋文化によって支配されていることである。西洋の視点，価値観，概念，理論，方法及び意向で人類の談話を分析し，評価するだけではなく，これを普遍の規範として認めている。このようなやり方は非西洋，南方及び発展途上国にとっては非常に不公正である。一方では非西洋，南方及び発展途上国の学術伝統を排斥し，または抑圧し，一方では旧植民地主義，東洋主義の差別談話を引き続き作り出す。数多くの論文著作は異なった視点から「普遍性」のある理論と方法を提出し，その一部は学科を超えた視角と内包性を備えている。しかし，歴史と文化比較の面から見れば，その中に（西洋）文化の特殊性が隠れているのは明らかである――その哲学の基礎，理論概念，方法，研究対象及び研究者，つまり，全ての交流体系は西洋に起源し，西洋に率いられている。それだけではなく，西洋が経済，政治，文化，教学，科学研究などの分野での優勢を背景に，または「普遍性」「中立」「客観」「汎用」「学際境界領域」などの言葉を隠れみのにし，西洋以外

の問題及びほかの可能性のある学術伝統と文化の現実的な問題がほとんど配慮されてこなかった。ここで言及した西洋談話は単に地理的な西洋談話，一部の西洋白色人種または団体の談話を指すのではなく，発展途上国を含め，異なる地域とコミュニティまたはそれに付属する力で合流したグローバルな談話であることに注意してほしい。このような文化帝国主義的な学術談話は内部における文化的差異を抑圧し，相異なる文化伝統間での対話を制御した。それで，非西洋・東洋・有色人種・南半球・第三世界・発展途上国の研究伝統と関心を持つ問題を排斥した。一方で，西洋文化のグローバル化の波が押し寄せる中で，東洋の学術伝統が崩壊しつつある。

　このような文化覇権談話は学術を抑圧しただけではなく，非西洋・東洋文化に巨大なマイナス影響を与えた。よく真善美の化身をもって自任し，西洋の価値標準に合致しない全てのものを批判の対象とする。これは Said（1978）が叙述する新植民地主義，東洋主義談話と何の違いもない。東洋世界に新たな知識を提供していないだけではなく，引き続き東洋への偏見と差別（たとえば，「独裁」「腐敗」「好戦」「落伍」）を引き起こし，言いふらし，固めた。

　象牙の塔にある学術談話が公平性を欠いているほか，日常生活，社会生活にある談話問題も東洋・中国談話研究のパラダイムの構築を強く要求する。21 世紀になって以降，人類文化と種族間の相互関連は以前より密接になった。一方で，各民族と国家，組織，コミュニティは他団体との関係もより緊迫になった。文化覇権談話は文化間の隔たり，衝突および敵対を激化させ，中国を含める発展途上国の談話現象と問題の出現を直接で明確に抑制し，誹謗することもある。たとえば，「中国脅威論」や中国の談話を「妖魔化」する動きは中国が今直面する最大で，差し迫った国際問題の一つである。だが，今の西洋を中心とする学術談話の秩序が混乱している中では，文化談話の研究には役に立たない。

　そのため，談話研究分野で文化覇権に抵抗し，文化を調和させ，学術のイノベーションに資する新たな体系を構築する必要がある。

　本書の主な目標は現代中国談話研究における体系を探ることである。具体

的に言えば，本書は以下の問題について解答を与えようと思う――自分の談話をより良く認識するために，世界により良く中国の談話を理解させるために，西洋の文化覇権のコンテキストの下で，我が国の学者はいかに中国の特色ある談話研究体系を構築するか。

　本書は学理と実践の二つの面から以上の目標を実現しようと思う。まず，談話研究の学術価値と実際の価値を肯定した後，比較文化の方法により，西洋の学術談話の影響と結果を摘発し，中国文化，学術伝統および現実談話の基礎を掘り出し，さらに進んで現代中国談話研究の新たな体系を構築したい。そして，上述に基づき，本書は現代中国の異なる社会分野における談話を対象とし，研究の手本としたい。

　このパラダイムの新しさはどこにあるのか。西洋の伝統的な談話分析体系と何か違いがあるのか。中国の特色あるというのはなぜなのか。反対面から解釈すれば，まず二元対立を超えて物事を取り扱い，処理する。たとえば，主観と客観，談話と文化を切り離し，物事を善か悪か，正確か間違いかで決めつけ，談話分析は批判するか称賛するかなどである。次に，談話は普遍性のある現象で，普遍性の原則，構造，成分であるとは思わない。たとえば，談話の主要な目的と利益を第一の原則と見なすわけではなく，研究実践でこのような一方的な機能を実現するための方略を追い求め，談話機能の性質を判断したり，談話が獲得した効能を評価したりする。談話を静止的で固定的な言語形式と見なすわけでもなく，研究の目的を一時的で，限りのある文章の構造または一部の構造に向ける。さらに，単一的，一方的，「客観的」な分析方法に頼らず，限りある可視的な言語証拠を利用して研究の結論を出す。最後に，研究の問題意識を抽象的な語用の側面，または哲学の側面に向け，研究結果が現実社会の需要から離れさせるに止まらない。

　本書で構築したい現代中国の談話研究のパラダイムは以下のような特徴を有する。①「天人合一」の思想をエスノメソドロジーの基礎と見なすから，研究の視覚は広大で，全体的で，関連性がある。②「弁証的統一」の思想方法を認識論の基礎とするから，研究方法と実践上で物事の間にある変化性，関連性，両面性，全面性を重視する。③「言葉が意を尽くさず」という言語

の生成及び理解の原則，「和と中庸を尚ぶ」という交際の際の道徳，言語と環境が融合する談話事件を理論の核心と見なす。だから間接的な言語方式，調和的な社会関係，言語とコンテキストとの方略関係などに関心を持っている。④国際談話研究（たとえば，「批判的談話分析」）と世界が求める原則（たとえば，平和，自由，正義）を参照する。そのため，談話現象のローカル的な特質と世界の要求をともに参照する。⑤理性，直覚，念入りな考察，循環的な対話などを兼用することで研究方法の原則とする。このことにより，談話研究の方法は多元的になり，その研究結果も引き続き検討する余地がある。⑥中国ひいては人類が共に関心を持つ問題と現象（たとえば，発展，東西の平等）に問題意識を持って取り組む。これは研究者がローカル，中国及びほかの発展途上国に対して特別な配慮をしなければならないことを意味する。

　本書が画期的で，成熟した研究の枠組みを提出することを期待しない。なぜかというと，これは一人ひいてはごく一部の人が完成できることではないから。ローカルに目をおろし，世界に目を向け，中国の特色ある談話研究の研究パラダイムの構築は宏大な目標である。これを実現するためには大勢の学者，特に若い学者の長年にわたる努力が必要である。

　もっと遠い話をすると，世界人口の四分の一を占める中国は世界の大国で，それと同時に，発展途上国・第三世界のリーダーでもある。多くの学者は自ら世界大国の学者，発展途上国のリーダーとしての学者になるべきであるというような意識が足りない。中国の社会，経済及び政治の発展が学術界に優れた環境を提供してくれている今こそ，世界大国，発展途上国のリーダーの学者の責任を負う時である。中国式の談話研究パラダイムの構築，西洋の学術での文化覇権の解除，学術の文化多元化発展の牽引はこのような責任を果たす具体的なやり方である。

本書の構成と内容

　最後に，本書の構成と内容の配置について簡単に紹介する。本書は二つの部からなり，第一部は四つの章で構成されている。主に中国パラダイムを構築する理由，基礎及び具体的な内容について論述を行った。

　第1章では，主流的な談話研究の中の「談話」「談話研究」の概念及びその歴史について紹介した。まず「談話」の概念，（中国では）曖昧に思われる各方面の理由を解析した。そして，異なる視点と側面から「談話」と「談話研究」の概念を評価し，西洋の主流的な談話研究の前提理論を指摘した。最後に，主流な談話研究の異なった形式の歴史と現状について分析した。

　第2章は学術文化覇権の弊害，結果および学術文化多様化の実現を指摘した。文化の面から見れば，現在の言語学，談話学および伝播学は基本的に西洋に占領されている分野である。学術と人類文明のこのような窮境に面し，我々は東洋談話研究のパラダイムを構築するような発想を提出し，談話研究の学術対話の多様化の局面が最終的に実現することを期待している。そのため，本章はまず個別案研究として「批判的談話分析」の西洋中心主義の傾向を反省し，次はアジア，アフリカ，ラテンおよび他の第三世界の国家コンテキストと語用の特性を示し，東洋談話の研究に役に立つ東洋精神また現代の研究成果を述べる。最後は，パラダイムの再構築作業を着実に移すため，新たなパラダイムが備わるべき特徴と次に行動に移すべきことを述べた。

　第3章は現代中国の談話研究パラダイムを構築する基礎と資源を提出した。西洋の「談話分析」は，すでに社会科学分野の中にある，発展が速く，飛び抜けて大きな成果を収めた新たな学科となっており，さらに中国言語文化の研究伝統には備わらない独特な視点を備えているが，現代の中国文化における談話の現実に当てはめることができず，また，当てはめようとすべきではない。現在は国際談話研究が基本的に西洋に独占されている状況を呈している。それは東洋の相関する学術の発展を抑制しただけでなく，人類の学術対話と創造も阻害した。本章は談話研究の西洋中心主義的傾向およびその結果を明らかにした後，以下の三つの面から述べる——①中国文化談話研究の新たなパラダイムを再構築する学術と文化資源を探る。②新たなパラダイムが備えるべき特性および再構築作業が取るべき方法を議論する。③中国文化談話研究の新たなパラダイムがもたらすであろう学術と文化の新しい気風を示す。

　第4章は前の3章で提出した目標や方法の具体的実践であり，現代の中国

文化談話研究の初歩の枠組みを描き出した。西洋の「談話分析」は社会科学分野の中で発展が速く，成果が際立っている新たな学問であり，中国言語文化研究には備わらない独特な理念や方法を持っているので，中国で談話研究を進める必要性がある。しかし，国際学術分野における談話研究はすでに西洋（イギリス，アメリカ）にリードされ，また旧植民地主義の「東洋談話」がよく出てくる。こうした窮境に面している現在，本章は東西文化の対話や文化・政治の思弁的な方式を通し，現代中国談話を研究するための一連の初歩的な理論，方法や問題意識のシステムを提出した。その主な特徴は「天人合一」の観念，「弁証法的統一」の思惟方式，「言葉が意を尽くさず」また「和と中庸を尚ぶ」言語観，理性・経験やローカル・世界の規則を併用する方法論の「発展」に関心を持つ問題意識を持っている。本章の最後には，さらに新たなパラダイムを改善する方法を提起した。

　第二部も四つの章に分かれており，その内容は第一部が提出した理論方式を運用し，一連の談話の個別案を具体的に研究する。

　第5章は批判的談話が都市（杭州）の発展に与えた変革や影響を分析する。第三世界の都市発展に関する研究は政治経済学の枠組の中で行われることが多いが，本章は談話研究や文化研究の原則と方法を運用し，社会経済が発達し，名所旧跡を有するある都市（杭州）を典型例とし，都市発展に関する談話に対して分析と評価を行った。関連談話の内部要素（たとえば，発話者のアイデンティティー，会話の内容）のシステムに対する深い分析を通し，中国の核心的文化価値観の「天人合一」や国際社会で公認されている「文化保護」・「自然保護」の原則と結びつけ，民衆たちは都市（杭州）の発展について発言権を持つようになっていることを示した。都市発展の主体が多様化している。こうした発展主体の民主化，多様化は都市自身の発展を促進させ，「天人合一」に向かわせている。発展談話の内容は豊富で変化に富んでいるが，こうした内容の変化は多すぎ，速すぎる。発展談話は現代経済や都市の西洋化を強調しすぎ，自然と伝統の保護を軽視している傾向がある。

　第6章は談話研究の角度から我が国の海外貿易をめぐる問題を探って処理する。まず，筆者は貿易摩擦がまず（文化）談話現象と見なすことができる

とし，また中国の対外貿易（摩擦）談話の前提理論および研究方法を提起した。そして，多様な情報，資料を集めて分析した上で，中国の貿易談話に対して全面的に分析・評価を行った。中国は欧州連合の制裁に応じる面ですでにかなり完全な談話構造またはメカニズムを形成しており，内容は充分で，形式も多様化している。しかし，参加者の人数や頻度は足りないように見える——談話の社会秩序は充分な有効性と有力性を持っていない。使用されたメディアは充分ではなく，特に談話内容が保護貿易主義の手口に対する分析は足りていない。これらの談話面の弱点は欧州連合が靴の貿易上で中国に対する制裁活動を続け，またエスカレートさせることに関係があるようである。

　第 7 章は公共分野の談話主体がこの 30 年から発生した一連の変化を表す。現在中国の公共分野において誰が話しているのかを分析するのは現在中国談話と社会文化の主体，精神を認識する重要なルートである。しかし，国内外の学界で，この問題に対する研究は少なく，さらに系統的にも，総合的にも分析が不足している。そのほか，中国公共談話の主流理論は依然として国家政治経済学を主導としており，そのため，メディア談話主体の内部張力およびその特定な文化コンテキストを重視しないのである。本文は談話分析の方法を通し，現代中国の公共分野における談話主体の性質と形式の歴史的変化を探った上で，初歩の研究結果を次のように表明した——30 年前の改革開放初期の頃に比べると，新世紀に入った後，我が国の公共談話の主な運び手は新聞，雑誌，図書，映像また電子出版，ラジオ，テレビ，映画，インターネット，ブログなどであり，内容と性質の面で多様な発展を呈しているだけでなく，数の面でも急速な増加を実現した。しかし，それと同時に，公共分野における一部の集団は依然として声が微弱で，さらには無声である。本章の最後には，筆者は如何に現代中国の公共談話主体の研究を一層進めるかという問題に関して理論上と方法上の意見を提出した。

　第 8 章は政治談話の歴史的・文化的根源について詳しく説明する。中国は21 世紀に入ってから台頭してきた国であり，したがって，その国際マスメディアに対する理論研究と実証分析は極めて重要なのである。本章は，まず媒体研究における理論の普遍化と民族国家化する傾向について再考し，そし

て文化多様化の新たな視点から中国の国際マスメディア談話の「文化の制限による平衡」の観点から論証する──中国はそれぞれの談話形式によって海外とコミュニケーションを取っており，文化権勢の平衡を求めている。こうしたメディアの力はある程度でアメリカ・西洋の覇権を牽制している。この新たな視点と理論から考慮する上で，本文は続いて相応のメディアの談話分析の枠組を提出し，2005年において中国の主流刊行物が人権問題をめぐってアメリカに応じた談話に対して実証分析を行った。最後に，この実証分析の結果に基づき，本章は中国の国際マスメディアが文化覇権に対抗する談話方法の初歩の枠組を提出した。

目　次

第一部

ローカルに根をおろし　グローバルに目を向け

第1章 「談話」と「談話分析」

　中国文化において，「談話」あるいは英語「Discourse」に直接対応した概念はなく，西洋の談話分析に対応した研究分野も形成されていない。しかし，西洋の談話分析は現在の社会科学領域で，先進的で学際的な研究学科として，非常に多くの研究がなされており，様々な問題の研究に対して，その有効性が証明されている。中国文化，言語研究に新しい視角，新しい概念と方法をもたらすであろう。したがって，中国でその研究を深めるのは意義深く，必要なことである。

　「談話」という言葉は，「社会」「心理」「文化」といった専門用語のように学科全体の含む内容を表し，その内包と外延との間の関係も複雑に入り組んでいる。社会学における「社会」，心理学における「心理」，「文化学」における「文化」などの語は，実在している現象を指す一方，同時にそれらの現象に対する高度なまとまりがある。「談話」も同じく，一部の特定の人に関わる現象の集合体に対するまとまりであり，他の人生現象と分割することがたやすいわけではない。まさに社会と地域，文化，歴史，心理とは分割しにくいようである。

　では，何をもって談話というのであろう。談話は特定の社会・文化・歴史の環境において，人々が言語を運用してコミュニケーションを行うことであり，またはその現象である。言い換えれば，「談話」はコンテクストや「言語使用環境」につながっている言語活動である。さらに簡単にすると，「実際の生活における言語活動」になり，談話学者は一般的に機能主義の言語哲学の視角から談話を理解する。つまり，発話者は一定のコンテクストに影響され，自身の目的を満足させるため，方略的に言語を運用する。しかし，我々は談話にはもっと全般的な内容が含まれていると考える。とりもなおさず，話し手は特定のコンテクスト（聞き手を含む）で戦略的に言語活動を生

成するだけではなく，聞き手は特定のコンテクスト（話し手を含む）で戦略的に言語活動を理解する。いかに戦略的に言語活動を生成して理解するのかといえば，特定の文化に左右される。

　もちろん，西洋の談話理論・方法は，特定のある言語哲学思想，すなわち言語とそれを取り巻く環境との関係ということが含まれている。だが，より高いレベルから見れば，それも歴史・趣味・思考と価値観などを含む西洋の文化視角に制約されている。それらの関係は弁証法的に存在している。ただし，本書は談話研究自身を明らかにすることを目的とするゆえ，以下では我々が談話の理論・方法・実践を考察することに焦点をおく。

学術での「談話」の混乱

　今の社会科学研究領域と教育領域において，談話の研究は拡大し，深化してきている。そこでは，「談話」と「談話研究」（Discourse Analysis，中国語で「語篇分析」と翻訳されることもある）という用語に，及びそれらを以て直接的か間接的かに表される概念に，接触することが増えつつある。しかし，学生から学者にいたるまで，「談話」と「談話研究」の意味や定義にしばしば迷ったり，曖昧な理解をしてしまったりする人が少なくない。

　その理由として以下の五点の原因が挙げられる。第一に，談話研究は中国文化に属さず，西洋の学術から生まれたもの，いわば，学術世界で用いられる「談話」という語は，翻訳されて生まれた新しい造語である。第二に，西洋にしても，学術上の概念であり，生活用語ではない。第三に，異なる背景や趣味により，学者によって談話への理解が異なっている。第四に，談話の概念には，「コンテクスト」の概念が含まれるが，後者の定義づけは確定的なものではなく，分析者の関心や要求の変化に沿って変化している。第五に，学者は「談話」という言葉を濫用する。特に言語活動を伴わない社会文化現象を述べること。たとえば，「建築談話」「舞踊談話」「音楽談話」など。

　しかしながら，「談話研究」は国際学術世界において，巨大な科学的ポテンシャルと社会活力を有している。それで，我々は談話研究を了解して展開

する前に，先ず肝心な用語と概念をわきまえなくてはいけない。以上から，まず談話と談話研究の概念について，広範な定義と基礎的な紹介をしてみたい。

概念をより明確に

中国文化の視点から言えば，西洋の談話と中国の談話との研究概念は違う。この第1章で，西洋の談話の基本概念を明らかにしたい（中国の談話の概念についての説明は第4章で述べる）。その定義を確実に把握し，その内容を認識するために，以下の10点をもって説明する。

(1) 談話は「言語使用」と「コンテクスト」のコンビネーションである。つまり，それは言語コミュニケーション活動でありながら，関わる社会・文化・歴史，端的に言えば「コンテクスト」でもある。両者は相互に依存して転換して浸透し，共に一つの有機的なコンビネーションを形成する。たとえば，今の政治生活における「和諧社会」⁽¹⁾という語は中国伝統文化における「和諧」という理念と，今日の中国社会のありさまと不可分である。こういう「コンテクスト」を理解しないと，その語の認識と理解との誤差が生じる。

(2) 談話は転送の意味での「透明なパイプ」ではなく（抽象的な符号形式ではなく），言語表現の形式を抜きにして存在する意味単位でもない。談話の意味と言語の形式とは密接で不可分な関係を持ち，両者は有機的に結合して統一体になる。たとえば，口語で中国の古詩を解釈してみたら，あるいは外国語で訳したら，いかに「精密的」にしても，味が変わるに違いない。

(3) 談話はいつでも具体的な言語生活の事実である。それは単一の言語事実でありうる。たとえば，具体的な話し手と聞き手があり，具体的な話題と表現形態があり，具体的なコンテクストがある。しかも類似的な事柄の集合でもありうる。その一連の具体的な発話群と対象があり，一連の語る内容と

---

(1) 和諧社会とは，調和のとれた社会を意味し，胡錦濤政権が挙げるスローガン。公平と正義を尊び，友愛に満ち，人と自然が共生する社会を指す。（朝日新聞データベースより）

コンテクストがある。したがって，談話はまたその関連の談話体系（configuration）の中で現れてくる。たとえば，政府の台湾問題オフィスのスポークスマンが台湾問題に対して一回で発言したものは，前者に属する。ただし，我が国政府の台湾問題についての類似的な談話事件（もし同様の立場，似ていた言い方であれば）は，後の一種類に帰する。

　⑷　さらに指摘する必要があるのは，「同じ」物事に対して人々に違った見方と言い方とやり方があるから，それらに応じて違った観念や態度を生み出すということ。だから，談話には，関わっても相互に排斥するオルタナティブ的な談話も含まれている。たとえば，近年アメリカのイラクやアフガニスタンでの行為の性質には，各国の民衆と政府とは違った態度と言い方と表現形式がある。そこで，我々はその問題の上で国際間の異なった談話（複数の Discourses）を形成しているとも言える。

　⑸　（談話の）意味は他の符号で，たとえばまなざし，ジェスチャー，媒体などの手段で実現できる。言語符号と互いに補い合って成立するもので，関わる符号活動も談話研究の一部と見なすべきであろう。主要な部分ではないけれども。

　⑹　また指摘する必要があるのは，談話は世界を描写したり記述したり表現したりするだけではなく，同時にそれらに伴う社会行為や行動を指すのである。言語学，符号学と文化学の研究の中では，学者たちは常に重心を「構成」や「表現」に置く。だが，言語コミュニケーション活動は単なる事実の描写記述ではなく，同時に社会行動である。社会行動として，それは物事と世界の状態を変える。言い換えれば談話は人々の言説の過程と結果だけではなく，さらに人々の行為の過程と結果でもある。したがって，談話は特定の目的と結果を有する社会実践形式の一種である。「ハイ」「塩を取ってもらえませんか」「黙れ」「愛している」といった談話は，他人に対する態度を表したり，責任を加えたり，命令を下したり，社会関係を維持したり変えたりするのである。

　⑺　前の一点にも関係があるが，談話は表現方式のみならず行為方式であるとされたら，同時に思想方式でもある。このような言説・行為・思想の方

式は現実を引き続き保持したり改変したり創造したりしている。前述した「台湾談話」は発話者が研究対象へ持つ趣味・概念・見方・感情などを代表したり体現したりしている。それらも談話研究の一部に属する。

⑻　談話は談話研究者たちが社会実践活動に対する「敏感な」目線のもとで出された産物の一種であるといえる。言語活動は我々の焦点（foreground）であり，関わる他の物事は背景（background）やコンテクスト（context）である。本書での研究目的を果たすために，言語活動から出発して，それとコンテクストの関係を研究する。

⑼　以上の二点によって，以下のことが分かる。自然科学で常に予め設定された物事と異なり，談話は社会科学での研究対象として，個人や文化の視角・価値観・世界観のようなヒトの主観要素を抜きにして独立的に存する物事ではなく，主観と客観の融合しつつある産物である。だからこそ，その定義づけも往々にして自然科学のように明確ではない。談話と談話研究は完全な中立を取りにくい，同時に研究者の関心を反映しているのである。

⑽　談話は我々の社会生活を築く主な部分であり，核心部分ともいえる。我々の日常生活はたいてい言語でのコミュニケーションによって実現する。多くの社会生活は実に言語生活である。日常会話か通信，マスコミ，ビジネス交渉，教室における交流，法律書類，文学作品，布教伝道等々，いずれも談話の範疇に属する。談話は個人，社会と文化生活の殻であるだけでなく，往々にしてその核でもある。少なくとも他の符号活動の補充，たとえば音楽，舞踊，芸術，映画，体育あるいは博物館。我々は人と話し，人に話され，人の作品を読み，人に作品を書く間，毎日を送る。プライベートの環境にいても，我々は言語で思考し感知する。談話に補われて助けられなかったら，バレー，シンフォニー，撮影，絵画，彫刻や体操といったことは意味がほとんどなくなってしまうだろう。従って，談話は我々文化生活の中の主要で重要で普遍的な要素である。

　　談話研究の目的や重点の違いによって，談話を三種類に大別できる。①社会関係の角度から，談話を異なる「集団の談話」に分けることができる。た

とえば，私的談話と公的談話，個人コミュニケーション談話と群体コミュニ
ケーション談話。集団の談話とはしばしば異なる社会関係及びその間の談話
状況を分析する便利のため。②社会業種の角度から，談話を異なる「業界の
談話」に分けることができる。たとえば，政治，経済，外交，教育，マスコ
ミ，民間文化，法律などの業界の談話。この分類とは，ふつう社会のさまざ
まな業界における談話の運用規律または出ている問題に対して，考察したり
評価したりすることのため。③具体的な事件・話題・社会文化の問題から，
我々は談話を異なる「事件の談話」に分けることができる。たとえば，我が
国の政治生活における和諧社会についての言説，易中天の述べた三国の物語，
都市市民の農民工への見方，台湾当局に「脱中国化」のために作られた言葉
遊び，米国政府が各マスコミを通じて提出した反テロの言説，覇権に反して
発展を求めるという第三世界からの主張等々，この一種に属する。この三種
類にする分類法には共同の先決条件がある。すなわち異なる談話の間には，
コンテクスト，言語符号及びその使用に差異がある。もちろん，三種類の談
話には実に関連するまたは重なる方面がある。外交官員や大学教師の業界談
話は同時に特種な社会階層の特徴を帯びるかもしれないし，政治領域の談話
は直接に今ある社会問題の討論の中で体現するかもしれない。

　中国では，1500 余年前，南朝劉勰が書いた『文心彫龍』の中の「文」や
「文章」は「談話」に似ている概念といえるが，同書の思想は中国で全般的
な継承や発展を得なかったし，それ相応の学派も形成されなかった。しかも
現代中国文化において，その概念を表す近似した言葉さえないことになる。
やや接近したのは，「話，讲 / 说话，演説，发言，文章，言語，言说，言论，
看法，说法」といった言葉であろう。「语篇」「篇章」「话语」（談話）となる
と，既に外国語学界に「拿来主義」（もらう主義）の原則によって用いられて
いる新しい名詞と新しい概念である。しかし，「一言にして邦を興すべき，
一言にして邦を喪ぼすべし」「名正しからざれば，則ち言順わず。言順わざ
れば，事ならず」「口は禍の元」のような談話の重要性を，中国人は身をも
って知っているはずだ。それで，談話分析は重大な社会的意義と文化的意義
を有するのであろう。

談話研究の基本理論，方法論，目的

談話分析（Discourse Analysis,「語篇分析」と訳す人もある），または近年より普遍的な言い方になる「談話研究」（Discourse Studies）は，学際的な研究分野に属している。以上の談話概念に対する説明からも，このところを捉えるが，確かに談話自体は一種の複雑で多元的な現象である。本項では，談話研究の基本理論，方法論と目的を簡単に述べたい。

基本理論　コンテクスト論と機能論の談話研究は歴史も長く，分派も多いが，談話研究者は一般的に以下の二つの基本的な理論コモンセンスを持つ。

(1)　言語活動はそれが生じる環境と不可分な関係を持つ。後者には前者を拘束する作用がある。それで，言語活動を生成して理解する過程を認識しようとすると，言語活動と言語運用の環境を統合してから，観察をし，分析を加えるのでなければならない。たとえば，2003 年，イギリスの北アイルランドの地方政府は「No guns, No government」を提唱した。当地の状況に詳しくない中国人は，英語が如何に上手であっても，その真意が分かりにくいだろう。同じく，一般の外国人が「三農問題」や「三個代表」を理解する際の困難も想像に難くない。

(2)　談話は本質的に社会的機能を有する。言語を実践するコンテクストにおいて，ⓐヒトはコンテクストに影響され，ヒトは自己の欲望を追うものだ，ⓑ言語は利用可能な道具で，それをもって意思疎通したり，社会関係を築いたり，言語形式を建てたりすることができる。したがって，談話研究者は常に言語形式とコンテクストとの分析を通じて，談話に含まれる規則，ストラテジー，目的などを発掘する。たとえば，アメリカの元大統領ブッシュはサダム・フセイン政権が大量破壊兵器を持つことを世界中に宣伝し，フセインを悪魔と呼んだ。それは，イラクを侵略して，イラクの石油を押えるための偉そうな言い訳に過ぎない。

これらの理論の要点を結び付けると，こういうことは言える。談話事件において，話者は社会状況に影響され，言語符号の使用を通じて直接的か間接的に，自分の関心事・価値観，またはある物事への認識・見方・立場・目的，または他人との社会関係を表出したり，他人の違った談話を排除したり排斥

したり中傷したりして，一定の社会的効果を得る。

　研究方法　　大雑把にまとめれば，本書の研究方法は以下のように概括できる。文献とインタビュー資料を集め，歴史と文化のコンテクストを観察して分析し，「誰が話す（話さない）か，何を話す（話さない）か，いかに話すか，どのような媒体を使うか，どういう状況で話すか，なぜそのように話すか，あのように話さないか，他の人が如何に話すか」といった問題を分析する。特に「如何に話す」という方面において，他の社会科学に比べれば，談話研究者の違いが顕著である。彼たちは言語学，その分枝及び言語学と関連する学科の概念を用いて，言葉遣い・統語論・言語行為・テクストや会話構造・物語論・プラグマ弁証法の解釈と構造，修辞法（比喩と皮肉など）等々をもって，個人・機構・社会ないし文化の問題と矛盾を摘発したり解析したり反省したりする。たとえば，イラク戦争の時，アメリカ政府側にしてもマスコミにしても，「独裁」「極端」のように貶めた過激な色彩を帯びる言葉をフセインとその政府につけた。ブッシュが直接にサダム・フセインを「悪魔」と呼ぶにいたっては，彼をはじめとしたイラク政府を一挙に滅ぼすことを期したのである。たとえば，西洋ビジネス界は第三世界を「廉価労力市場」と呼ぶこと，工業文明は人類の利益が一切の自然の利益より高いと主張することなど，関心を持つべき談話現象である。もう一言加えれば，談話そのものは多面的で，入り組んで複雑で，研究方法は多元的になるべきであり，研究状況と目的に応じて柔軟に変化するべきである。

　では，他の社会科学（社会学，心理学，人類学など）に比べると，談話研究はどこに区別があるのか，というと，他の社会科学の研究者はしばしば言語活動に関心を持たず，対象として研究することはまずない。談話の素材を処理させようとしても，プロの言語研究方面の理論と方法の訓練が乏しく，理論の概念と方法を運用して談話を解析できず，せいぜい言語素材を手段の一種にして，「その中」あるいは「背後」にある「情報」「知識」「事実」を取るということになる。ところが，現代西洋言語哲学（Austin 1962; Wittgenstein 1968）とポストモダニズム（Derrida 1976; Foucault 1972）との影響を受けた談話理論（たとえば，Billig 1987; Gergen 1999; Gilbert & Mulkay 1984）は，「現

24

実」「世界」「文化」「歴史」「人間」などの社会科学の研究対象と，言語及び
他の社会符号の構築活動とは分けられないと考える。そのため，このような
談話の現実の構築活動を対象として研究し，社会科学における「言語論的転
回」と呼ばれている。

　研究目的　　談話と談話研究を理解しようとするとき，実は談話研究の目
的から認識してもよい。言語学と違って，談話研究の目的は文字，語，文，
テクストや音声単位の形式と内容を知るだけでなく，生じた原因・規則・歴
史を究めるのでもなく，ただ生活事件から抽象してきた範疇あるいはその秘
奥に関心を持つのでもない。それは，言語を借りて構築したもの，または言
語使用に関わる実際に発生しているもの，特に現実の社会文化的な意義を有
する事件に注目して，露呈したり反省したり評価したりすること，ひいては
新しい言説の方式の創造を求めることにある。たとえば，我が国のマスコミ
の主体的な力の分布状況を了解するため，談話研究者はマスコミの中で誰が
話すか，誰が話さないかということを選別して描写するかもしれない。ある
法律書類のカバーした（していない）範囲を明らかにするため，彼たちはそ
の書類のテクストにどんなことが表現されたかどんなことが表現されていな
いかということを選んで分析するかもしれない。報道記事においてイデオロ
ギー，物語構造，修辞などの作用を明らかにするため，ある記事の中，記者
は誰の立場を取ったか，いかなる価値観を持ったか，物事にどのような描写
方法と方略を取ったかということを読解してみるかもしれない。商業者と消
費者に警戒させるため，コマーシャルの言語が社会に及ぼすポジティブな影
響ということを発掘するかもしれない。文化間の交流，調和の共存，新型の
関係の構築を促進するため，談話研究者は前期のクロス文化コミュニケーシ
ョン談話の研究結果によって人々が採用すべき新たな言説方式，原則や概念
まで提議できる。

　以上を踏まえて，以下のことが分かってくる。①談話研究の活動は実際の
生活の中での言語事件や現象に注目し，それらの言語事件や言語自身はある
現実的な社会文化的意味を有する。従って，言語に生まれた，社会的弱者た
ちへの差別や無礼な現象は談話研究の目標の一つであるが，文と語の文法構

造を分析し，文章の文法・文体・修辞を発掘することは我々に言われた談話研究の目標ではない。②談話研究者の研究の出発点は一般的に，生活から離れた抽象的な現象でなく，生活事件に含まれている問題に対する関心や苦慮，あるいはその問題を解決しようという動機をもって選択的に探索するというところである。言い換えれば，談話研究の関心は言語問題だけにあるのではなく，さらに言語にもたらされた，または言語活動に関わる社会・文化問題にある。談話研究はいつもある社会政治的な動機を帯びるのである。

談話研究の発展の歴史

　談話研究の源流を明らかにすることも，我々が今の談話研究の性質と内容をわきまえることに役立っている。

　談話分析は，多くの学者がその実践に携わって，高等教育機関で教えている体系的な学科として，1970 ～ 1980 年代に現れた。最も早く「談話」という概念を提唱したのは J.R. Firth（1951）と Harris（1952）である。談話分析の展開は西洋の伝統的な構造主義言語学の一種の挑戦と補充である。すなわち，言語理論には言語の使用状況が含まれていないといけない。言語研究は必ず現実における言語活動に注目しなければならない。当時，新理論の抜きんでた代表としての Hymes は，*Foundations of Sociolinguistics*（1972）で，構造主義言語学及び関連する統語理論が言語使用における人々のコンテクスト知識の重要な作用を無視しているから，コンテクストを言語理論の視野に入れなければならない，と提示した。同時代の他の代表的な著作は，Van Dijk（1978）の *Text and Context* と Halliday & Hasan（1976）の *Cohesion in English* がある。前者は言語とコンテクストとの関連及びその社会的機能を強調していて，後者はテクストにおける文と文の関連を強調している。

　より遡れば，談話研究は古代ギリシャの修辞学に行き着くことができる。その時，修辞学は，言語コミュニケーションの目的は他人を説得することにあるから，研究の対象は講演のテクニックとストラテジーであると思われた。

　現在の国際的領域において，この伝統に基づく，あるいはこの伝統に関わ

る共通点がある研究形式はいろいろある。言語行為理論，会話の協調の原則，会話分析，ポライトネス理論，社会言語学，ことばの民族誌的研究，プラグマ弁証法，物語論，修辞学，文体学，符号学，批判的言語学，批判的談話分析，ディスコース心理学，脱構造主義，ポストコロニアル談話理論，性別談話研究，言語生態学などが含まれる。

談話研究の現状

　前述の談話の歴史発展からみれば，談話研究には一つの理論・方法・問題のシステムがあるのだけではなく，その領域内には様々な流派がある。

　言語行為論（Speech Act Theory）　　アメリカの言語哲学者 Austin はその著作 *How to Do Things with Words*（1962）で，一連の言語現象の分析を通して，言語の性質は「真」や「偽」だけで描くことはできず，以下の二つの重要な角度から認識して描写しなければならないと述べた。①人があることを話している時，同時にあることをやっているのである。たとえば，ある人は他の人に「コショウを取ってくれないか」と聞く時，同時に要求を出すのである。後者はそれで，その要求（人）に応じてある義務が生じる。つまり，一語は一つの意志的行動を完成させ，その行動は世界の状態を変える。「愛している」という一言は二人の関係を変えることができる。Austin はその言語活動を「発語内行為」（illocutionary act）と呼ぶ。②もし言語行為が規範的に適切的かつ有効（「happy」）に行われようとしたら，必ず多少の特定のコンテクスト条件や適切性条件（felicity conditions）が満足されていなければならない。たとえば，「正しく答えられたら，チョコレートを一枚あげるぞ」という承諾を表そうとしたら，必ず②承諾者はその能力を持つ，⑤承諾されたことは被承諾者に利するといった条件は話者の間，先に成立したことに決まる。Searle（1969, 1979）はさらに，人間の言語行為を五種類に分けて，コンテクスト条件を四種類に分けることができると提示した。

　談話研究の実践において，学者たちはよく言語行為理論をもって，言語コミュニケーション活動の中，社会行動レベルに隠された現象を開示し，その具体的行為性質を描き出す。たとえば，言語行為の理論で，ブッシュ大統領

がフセインを「悪魔」と称する言い様を摘発して，軍事的暴行を包み隠すという性質をさらすことができる。同様に，談話研究者は談話が行動であるという原則をもって，その社会的結果を明らかにすることができる。

Grice のコミュニケーション理論（Grice's theory of Communication）　アメリカの哲学者 Grice（1975）は，人々の会話の過程中，コミュニケーションを順調かつ有効的に進めるため，「協調の原理」（principle of co-operation）と「会話準則」（conversational maxims）に準拠しなければならないと提唱した。いわゆる協調原則とは，会話が発生するとき，コミュニケーション同士は両方の会話目的か言語交流の方向かの要求によって，会話の過程に自分なりの努力を示すということを指す。いわゆる会話準則とは，①質の原則。会話内容は真実的であること。②量の原則。目前の会話の目的による会話内容は十分であること。③様態の原則。はっきり言うこと。④関係の原則。話しの内容には関連があるべきだということを指す。グライスは，これらの原則と準則は人間の共有したものだと考える。グライスの理論で，会話の過程における二つの含意を解釈できる。①慣習の含意（conventional implicature）——我々は，有効だと仮定した協調原則と会話準則から，慣習的な表現方式の含意を推定することができる。たとえば，「塩を取ってくれない」という発話の場合，一般の協調原則と会話準則から推測すると，そこである人の能力を聞くことは請求の含意を有する。②会話の含意（conversational implicature）——人は他の目的を果たすため，協調原則を順守するけれどもある会話準則を破る可能性がある。それによれば，談話の過程において非通常的な手段での表現から含意を推測できる。

ポライトネス理論（Politeness Theory）　前述したグライスのコミュニケーション理論と同じく，ポライトネス理論も，コンテクストの一部として価値判断の性質を有する言語コミュニケーション原則から出発したものである。そこで，イギリスの言語学者 Brown & Levinson（1987）は，自分や他人のメンツが脅威にさらされる時，発話者には自分のメンツ（positive face）と他人のメンツ（negative face）を守る必要があることを提示した。すなわち，彼たちは積極的に自分を表す一方，他人の行動自由を邪魔しないようにするこ

とである。Brown & Levinson は，人間がポライトネスを実現するための五種類の交流ストラテジー（politeness strategies），すなわち Bald on-record strategies, Positive strategies, Negative strategies, Off-record strategies, Opting out strategies を示している。①コミュニケーション同士間の社会的距離，②コミュニケーション同士間の権利関係，③その文化の中，各種類のメンツの損傷に対する価値測定といったコンテクスト状況により，これらの交流ストラテジーが使用されている。

会話分析（**Conversation Analysis**）　会話分析はアメリカ社会学者 Garfinkel のエスノメソドロジー（*Ethnomethodology*, 1967）に源を発した。彼は，社会秩序を集団メンバーのその秩序に関する知識の提供から生み出されたことと見なすことができて，その知識は集団メンバー間の会話の過程に体現していると考えている。Sacks, Schegloff & Jefferson（1978）はその思想を日常の会話に対する分析に導入している。彼らは，会話はまさに他の社会活動と同様に，人々の共有する規則から作られるものであり，それらの共有される規則は発話者に作り出されたり表現されたりする「整然たる秩序」に現れると考える。人々の会話はある内的な規律と規則を表している。会話現象から，会話分析者は，①言語行為は当時の状況に対するある定義づけであり，②先に話される言語はこの定義づけによって，後から話される言語に制約の効果がある（Heritage & Atkinson 1984:5）という二箇条の結論を出した。より高いレベルから見れば，会話の本質的特徴は社会性であり，すなわち互いに関連して制約する社会的作用があることと言える。その原理に基づいて，会話分析学者たちは日常生活の中の異なる場合における大量の断片を収集してから，その中の規律と規則を発見しようとしている。たとえば，会話分析学者は前述した様々な現象から，隣接ペア（adjacency pair）という構造を発見した。前の発話には後の発話が繋がる。答えがなくても，会話の両方はその繋がりを感じることができる。会話分析の実証主義原則をもって会話者はいかに物事を定義したり，思想を操ったり，社会関係をコントロールしたりすることなどを観察して研究する談話学者もいる。

民族誌的方法（**Ethnography of Speaking**）　人類学に基づいて，研究者が

人物と事件に長期的に全面的に入り込んだ実地調査を行うことが要求され，研究者自身が研究された実践活動に参加することまで含まれている。大量の一次資料，たとえば文化・言語・習俗などの方面の情報を集めて，研究されたものの視角・概念・価値観に注意して，そのメンバーの観点と感覚を切実に認識するためのものである。このような研究方法は，言語がコンテクストと密接に関わると考え，複雑なコンテクストから人々の話を理解して，研究者が人物と事件との深層的な脈絡を把握できるので，談話学の原理にふさわしいことである。

　　脱構築理論（Deconstruction）　　ヨーロッパの何名かの重要な哲学・史学・文学の研究者（たとえば，フーコー，デリダ，ハーバーマス）は一連の反伝統的な思想，研究方向と研究問題を示している。それらの学者は普遍的に以下の考えを持っている。①異なるコンテクストは異なる社会的言説規則を有し，何が言えるか，何が言えないかを決定している。②言語は現実（いわば世界，歴史，主体など）を構築できる作用を有している。③談話，権利，知識は密接に繋がり，互いに浸透しあっている。④言語の意味は確定されてなく，符号間の相対的な関係に存している。研究対象というと，研究者は⒜周縁化された群体，⒝知識構築における言語と権利の作用にもっと注目する。

　　ポストコロニアル理論（Postcolonial Studies）　　サイードの著作 *Orientalism*（東洋主義，1978）に基づくもので，西洋社会が東洋（特にアラビア文化）を認識し描写する過程において，ヨーロッパ中心主義をもって現れていた東洋談話への誤解や否定を摘発している。このような摘発は新しい研究の思潮をもたらした。学者たちは，①ある文化（たとえば，植民者）の他の文化（植民された人，解放された人）への威圧，②コロニアル文化とポストコロニアル文化の関連及び新文化の創立，③ポストコロニアル文化とグローバル化の関係ということに，注意を向け始めた。また，ポストコロニアル研究と前述した脱構築理論とは緊密な関係がある。

　　批判的談話分析（Critical Discourse Analysis）　　1990 年代ヨーロッパで形成した談話分析の新方向である。バーミンガム学派（Centre for Contemporary Cultural Studies, CCCS）の影響を受けて，談話学者は伝統的なテクスト構造と

意味の研究から，ヨーロッパの社会問題の分析と批判へ転向した。主に人種差別，性差別，及び違った社会レベルに生じている権利関係の衝突といった問題が含まれている。その主要な理論は伝統的な機能主義の言語観を引き継ぎ，すなわち言語が社会構造，あるいは社会意識のようなコンテクストに制約されて，現実を再現して（たとえば，事実を暴くことや隠すこと），社会へ影響を与える（たとえば，他人を説得する）道具であるという。オランダの教授 T. van Dijk はこの理論の卓出した代表である。近年，イギリスの教授 N. Fairclough も，「弁証的理論」を提示した。いわば，社会構造は言語に影響を及ぼす一方，言語も社会構造に影響を与える。

おわりに

　本章の目的は，何が談話と談話研究であるか，何が談話と談話研究でないかという問題を整理することであった。しかし，ここまで紹介された概念は主に西洋的，西洋の思想方法の価値観を帯びるものである。鵜呑みに中国の談話現実に応用することは適切ではない。その談話研究の限界はどこにあるか，談話研究は中国で如何に展開すべきかという問題に，我々はまじめに考えなければならない。

第2章　談話研究における東と西との対話

　国際学術領域において，談話研究は目立つ成果を収めているが，文化の角度から見れば，それは今，西洋偏重の学術活動であり，対話的ではなく多元的開放的でもない。学術著作，教材，ジャーナル，ウェブサイト，コース授業，会議論文からみれば，優位に立っているのは，ほとんど西洋（男性，白人）の理論観念，研究方法，問題意識，文化視角，価値観体系である。彼らは世界学術舞台を主導し，各課題の研究を操っている。くわえても，その影響力のある西洋の学術名家（専門書の作家，主旨の発表者，国際ジャーナルの編集長など）の人々は，自分の研究に何らかの文化特性や偏見があることを認めていない。彼らは観念を述べた時，しばしばそれを巧みに客観的，全面的，普遍的なものにして表している。

　しかし，我々は，今西洋の学術談話の優勢と繁栄が，帝国主義・資本主義・（ポスト）コロニアル主義に全世界で編まれた巨大かつ有力な文化脈絡と，切り離すことができない。言い換えれば，西洋文化における各要素，強勢的な経済，覇権政治，魅力的な伝統から，資金のサポート，マスコミの宣伝，国際的な出版（発行，広告，マーケティングも含まれる）等々は，その学術談話を固めたり上げたり広げたりするのを励んで進めている。

　ここで筆者のいう西洋の学術談話は，欧米社会でのものに限らず，実にアジア，アフリカ，ラテンアメリカ及び他の地区の発展途上国やコミュニティ（よく第三世界，第四世界，東洋，南半球と呼ばれたが，ここでは述べる便利のため，「東洋」で概括する）における多くの学者，教師や学生の学術談話にも大きな力を発揮している。なぜなら，西洋の学術談話に頼って日常の研究と教学活動を行ったり，国際刊行物で発表したりしなければならないため，その学術談話に影響を受けてしまっているのである。更に，よく自覚しないまま，疑わず西洋の談話の尻馬に乗ったり，そのまねをしたり，コピーしたり伝播し

たりして，それを拡大してグローバル化することもある。彼らはもはやローカルの文化における思想方式や表現方法をもって，自身の文化や社会に注目される問題と現象を，観察したり分析したり批評したり読み解いたりすることができなくなってしまう。

こんなグローバル化された西洋の学術談話に対して，やむをえず聞きたいのは，それがどのような学術の革新をもたらすのか，どんな政治的な進歩を意味しているのか，ということである。しかも，それらの談話は東洋社会の文化に如何なる関連性があるのかという疑問を持つべきだろう。

管見によれば，世界舞台を独占している西洋の学術談話は何らかの意味での知識革新，文化融合や民族結束をもたらすことができない。そのような一方的な説教と排他的な解釈または拡張的なイデオロギーは，東洋国家の学者と学生に文化アイデンティティと発言権を失わせ，東洋の学術を失語と零落の境地に陥れるのであろう。一方，その学術覇権のような談話も，文化の間の対話・批評・交流の機会を減らすため，人類の知識が真の革新と発展を果たす可能性を大いに弱めてしまう。その他，文化上の独裁で異なる文化を差別的に描いて解釈して判断することは，東と西の間の誤解と偏見を深める。Bustammante（1997:1）は，ラテンアメリカの伝播の研究成果に言及した時，「国際間の権勢，言語及び学術の伝播の方面の懸隔のせいで，多くの重要なラテンアメリカの学術貢献は不公正に周辺化されてしまった」と言った。

西洋に由来する偉そうな「真理」と標準に疑いを持ち出した主流や支流文化の陣営からの批判者は，ますます多くなっている。ある人たちは国際学術研究がすでに取り戻せないほどの窮境に陥ってしまったと思う。その原因を究めると，一方では現代の学術研究に浸透している，百年にわたる西洋のコロニアル主義と帝国主義との影響であり，他方ではグローバル化の進展の加速に伴い，今の学術研究がもっと西洋中心主義にコントロールされていることである。

では，そのような学術文化の窮境から抜け出す方法はないのか。東洋の学者と学生はそのため何をすればよいのであろうか。また，覚悟を持ち，反省力を持ち，批判的精神を持つ西洋の知識人は何をすれば，その学術と文化の

不平等を変え，国際学術研究の再興に向けることができるのか。

　情勢が厳しいとはいえ，希望がないわけではない。我々の，特にアジア・アフリカ・ラテンアメリカ及び発展途上国の学者と学生の，共同の弛みない努力があれば，東西対話と古今比較の方法を通して，東洋の談話の新たなパラダイムの再構築を成し遂げることは，絶対に可能である。ここで用いられる「パラダイム」という学術用語は，伝統的な意味での概念よりもっと幅広い。存在論，認識論，理論，方法，問題意識に対する体系的な研究を含むのみならず，研究の過程で触れた目標・価値観及び研究者自身も含むのである。

　中国文化の談話研究のパラダイムを再構築する可能性と実行可能性を示すため，以下では外部の原因，内部の理論基礎，学術資源と再構築の方法という四つの方面から説明する。具体的にいえば，まず東洋の視角から，「批判的談話分析（CDA）」の文化特質を分析し，その普遍性の神話を破る。そして，本章の中心的な議題として，コンテクストと言語という二つの談話の基本的な要素から出発し，東洋の談話において否定できず無視もできぬ基本特徴を描き，東洋の談話理論を構築するための現実的基礎を提供する。その後に，東洋の言語研究の成果と東洋文化の知恵を些か発掘し，新範式の創造のため学術と文化の資源を提供する。最後に，東洋の談話研究のパラダイムを再構築するストラテジーや方法は概観する。

　今までは，東洋，非西洋，アジア・アフリカ・ラテンアメリカ文化の視角から，言語・文学・伝播を研究する学術研究はすでに一部あったが，研究領域の周縁地帯に置かれてしまった。管見によれば，一部の原因は主に多くの研究活動が相対的に分散する閉鎖する枠組みに局限されていて，東洋，アジア・アフリカ・ラテンアメリカ，発展途上国の各種の文化を結びつけて互いに啓発させ支持させていないことにある。本章では，共同の研究の枠組みを最後に形成するため，それらにおける共同の基礎と条件，普遍的な原理とストラテジーを探ってみたい。その目的は東洋文化の研究モデル内部の多元的性質と各自の特徴を取り換えたり抹殺したりすることにあるのではなく，強い力を持つ基礎的かつ広範な参照の枠組みを一つ提供したいのである。この枠組みは，西洋が主導する各モデルの欠点を補い，両者の平等な対話を促進

することができるだけではなく，個体的な東洋談話研究のパラダイムの再構築活動を指導できるのである。

　新たに築かれた東洋のパラダイムを通して，研究者たちは東洋のローカル文化の談話を一層よく認識して批評することができ，そしてそのような新視角，新知識，新観念で，ローカルの文化同士が談話の実践力を上げて社会実践でもっと大きな成功を得ることを助けることができるということを，期待している。同時に，新たに築かれた東洋パラダイムを通して，他の異なる文化の学者と学生は東洋の談話に一層確実で深い理解を得て，深い共感まで持つことができることも，期待している。そのうえ，新たな東洋パラダイムが現有の西洋の談話研究の伝統を豊富にして進めることを希望している。東洋・西洋の研究モデルは民主と平等に基づいて相互の交流・学習・批評を行ってこそ，真の学術多元化の対話局面を形成して，真の意味での知識革新と方法改善を促進することができる。

文化政治的意味での「東洋」と「西洋」

　ここで，誤解や曲解を招かないように，本書で使っている「東洋」「西洋」及び類似する他のことばの概念を解釈する必要がある。

　まず，強調すべきなのは，「東洋」と「西洋」，並びにその意味で生まれた東洋と西洋パラダイム，我々が簡単な二分で扱ってはならず，外部がはっきりとして内部が統一的である独立体と見なしてもならず，互いに関連して互いに依存する談話の範疇とすべきなのである。つまり，①それらは一つの統一体における異なる部分，孤立した存在にならない，②それらの現象はある特定の表現方式とコンテクスト状況には分けられない。談話の伝播者，文化の内容と歴史的背景などの要素が含まれるから，それらは同時に談話を築いて争う産物でもある。

　そのような文化個体，顕現するものであれ潜在するものであれ，同時に外部の関連と内部の差異を有する。彼らは対照しあい，影響しあってから，変化しつつある。そのような談話集団において，内部には異なる下部の群体が

あるから，異なる意見や談話ストラテジー，排斥の力さえ生じる。それらも
影響しあって，ほかの談話現象を生み出す。まさに中国古代の陰陽観念に反
映される「相生・相剋」のようである。たとえば，我々の想像する努めて築
こうとする東洋パラダイムでは，一方でアジア・アフリカ・ラテンアメリカ
の異なる言語や文化の内容を併せて，もう一方で西洋文化とある特定の関係
を形成する。同じく，想像できる（信じられることでもある）「アジアパラダ
イム」の中では，中国・インド・日本などの異なる文化モデルに細分化できる。
だが，それらは一つの混合体として，また（同様に想像できる）アフリカパラ
ダイム・ラテンアメリカパラダイムとある関連がある。注意してほしいのは，
今示している「東洋パラダイム」（Eastern Paradigms）という言い方は，総称
的な「東洋」（Eastern）を用いた一方，複数形式の「パラダイム」（Paradigms）
を用いた。弁証法的な統一という特徴を強調したいのである。そこで，次の
観点を導き出した。

　今の社会科学領域には，こういう「文化虚無主義」がある。「西洋」とは
っきりとしなければ，内的普遍の特徴もなければ，理論的に存在しなく談話
にもたらされた完全の虚構ということになる。同じ道理から，「東洋」も理
論的な空談になる。

　それに対し，その論点の実質と効果とは，現今の国際秩序における文化の
不平等と不公正の現象及び背後の首魁を否定したり包み隠したり溶けたりし
ていると同時に，非西洋国家が不利の地位に立たされ日増しに周辺化された
現実を水に流そうとすることである，と指摘して強調したい。言い換えれば，
その「ポストモダン・脱構築主義」の仮面をかぶる文化虚無主義の談話は，
文化覇権主義者の偽装に過ぎない，巧妙な修辞に飾られた誤謬に過ぎない。
その最終の目的は現代西洋文化覇権の支配的地位を維持して固定することに
ある。

　従って，国際文化政治の平等を実現するため，我々は「東洋」「西洋」と
いう概念や用語を保留する必要があり，「東洋パラダイム」及び関わる概念
の使用も完全に価値あることと考えられる。ここで，両者を切り割けず，孤
立した個体と見なさず，これは Spivak（1988）の提示した「戦略的本質主

義」に類似するものなのである。

　また，東洋談話研究の新パラダイムを再構築するとは，完全に西洋学術を捨てるわけではなく，それの学術での覇権を消して他の学術文化の支配を立てるわけでもない。①東洋学術文化の（文化特質と文化多元性の）アイデンティティを再構築し，東洋学術文化の世界での地位を上げる，②現時国際文化の交渉関係と不平等の現象を顕著に示し，西洋の学術覇権を暴いて消す，③東洋文化の学術談話と他の異なる文化の学術との，共存と対話を進め，よって国際学術研究の多元化と革新を実現する，ということが我々の追求するパラダイムの目標である。

　もし，国際学術研究と文化権勢と緊密に結びついて，国際学術活動がもはや文化レベルで不平等や専制の局面になるとしたら，ここで提唱している東洋研究パラダイムの建設は一つの強大な新たな文化学術の力になり，学術談話の文化支配を食い止めて，今の不平等の学術談話を文化多元化に向けさせることになる。換言すれば，西洋国際覇権主義にもたらされた文化談話の秩序のずれがあるから，人々は新たなパラダイムを作り出してそのような人類学学術文化の窮地から脱出しなければならない。

普遍性の談話の脱構築

　以下ではまず「批判的談話分析」を一つの特別の談話現象／学術談話として分析を行って，学術の文化覇権という問題を観察しよう。

　この例を選んだわけは，一方で批判的談話分析（Critical Discourse Analysis: CDA）が「談話分析（Discourse Analysis）」の代表の一つであり，いわば，少なからぬ談話分析形式は同様に機能主義言語学理論に頼っているからである。もう一方で，CDAは国際領域内で，広範な影響を持っているからである。過去10年にわたって，批判的談話分析に関する著作・教科書・パンフレット・ジャーナル・学術会議及びウェブサイトなどは大量に作られて，談話分析の他の分野をはるかに上回っている。

　注意してほしいのは，批判的談話分析の内部に異なる様々な分野があって

も，ここで筆者の分析は主にその学問を代表する主導的な認識論，理論，方法論と研究結論に基づいている。

　今グローバル化されている談話学術研究，その伝統は西洋の中心都市に起源を持っている。それは経済活動（著作・教科書・ジャーナルなどの商品のエクスポート）の一種であり，背後に特殊な文化イデオロギーが含まれた文化産物の一種でもある。一つの談話修辞の力として，批判的談話分析は力を込めて一つの特殊な「（世界的）普遍主義」というイデオロギーを売り込んでいる。その目的は自らを文化商品にして世界市場を占領しようとすることにある。その普遍主義の談話の表現は，自身の認識論・価値観・理論体系・方法論に文化偏見があるかどうかに触れず，その研究のシステムが非西洋文化に適切であるかどうかにも触れないことである。逆に，それは直接的に或いは遠まわしで自分を，東洋・西洋にもふさわしく，完璧で確実な学術標準や手段のように表現している。これは，東洋・西洋の批判的談話分析の研究者たちが，西洋世界に行ってもアジア・アフリカ・ラテンアメリカ地区に行っても，アジア・アフリカ・ラテンアメリカ／発展途上国の文化特徴を放ったまま，CDA の観念・理論・価値体系・分析モデルに，評価なしに盲目的に当てはめるということの原因である。これは，CDA の枠組みで研究された談話現象は何でも卑劣な，誤った，不実なものと描き出されているということの原因である。これも，西洋の談話研究形式はいつも構造主義言語学から出発して，あれこれ構造や特徴を見つめて，その西洋中心主義の想像を満たすということの原因である。たとえば，ウルグアイ軍隊の人権蹂躙（Achugar 2007），中国の覇権的な愛国主義（Flowerdue & Leong 2007），イスラムの男性至上主義と独裁主義（Al-ali 2006），ナイジェリア当局の違法行為（Mele & Bello 2007 を参照されたい）などをあげつらった。

　しかし，文化間に尊敬しあって包容しあうことがなければ，文化パラダイムの多元化を実現するのは不可能で，真の国際コモンセンスや普遍的価値を実現することもどうでもよくなってしまう。陳光星（2006; 5, 337）が社会科学について話した時に示したように，「理論の普遍主義という宣告は，まだまだ早い。まず脱帝国化しなければならない。それだけに人の知識は極めて

有限的であることを知らされる」。簡単にいえば，知識生産は帝国主義の主な操作領域の一つである。したがって，知識人の脱帝国化の活動を評価することは，まず知識生産の領域で行わなければならず，今脱帝国化の活動を有効に動かしえない知識生産状況を変容させなければならない。

　以下，CDA 談話生産者の文化特徴と経済利益という問題はともかく，認識論・理論・方法論の角度だけから，CDA の内容を批判的に研究してみたい。「廬山の真面目を識らざるはただ身の此の山に在るに縁る」という霧を晴らし，角度を東洋文化の立場に変えて探究しよう。

　二元対立と弁証法的統一　　認識論の角度から見ると，CDA の基本的な特徴とは物事を二分し，二つの対立しあう類別と見なし，すなわち物事を両極化する傾向があるのである。たとえば，主体と客体，談話と社会，言語と認知，テクストとコンテクスト，並びに価値観における真と偽，善と悪，正と誤。言い換えれば，それは物事の性質の一方向だけを見て，その両面性と両者の間の複雑な関連，すなわち弁証法的な関係を無視する。従って，CDA の使用者は往々にして分けられた物事間の機械的な因果関係を探索する。たとえば，彼らはまず言語と認知，談話と社会，テクスト手段と権力を関係づけ，そして前者が如何に後者に影響され左右されるかを見つける。このような研究の傾向は，デカルトの精神と身体の二分という観点を反映している。しかし，鮮明に対照となるのは，アジア人の弁証法的統一という思想方式である。すなわち，宇宙万物は，相互に依存し，相互に浸透し，運動の止まらぬ一つの全体であり（中国の道家の相生相剋，相依相持という思想），現象を通して物事の間の複雑に錯綜した，「あれもこれも」という関係を見る。それで，もし研究者たちが西洋の角度から東洋の談話をその批判の対象にして研究したら，東洋の多くの談話を反面的現象と解釈するのも自然であろう。発展途上国と先進国はただいま，その歴史，文化及び東洋・西洋間の複雑な内的関係を見極めるため，一つの公正な社会科学的手段を探している。ところで，そのような西洋談話がこの時代に出ることは，我々にとって実に望ましくないことである。しかし，その西洋の思考法に反して，東洋／中国の学者は，研究対象と研究主体，現代談話と歴史伝統，中国談話と外部文化の作用しあ

う現象を結びつけてから，主観と客観，現実と伝統，ローカルとグローバル
の循環対話と批評を絶たないで，知識の革新を成し遂げるであろう。

　　話者中心論と聴者中心論　　批判的談話分析の他の一つの顕著な文化特徴
はその機能主義の言語観にある。即ち言語は話者が自分の目的を果たす道具
であり，話者は他の人を説得したりコントロールしたりすることを最も重要
な目的とする。そのモデルにおいて，話者は自己中心的であり，言語活動は
ただ聴者を勧める話者の行為である。これは，なぜ多数の CDA 実践者が，
発話者が如何に目的を果たすため自分の言葉を使うかという問題だけを重要
視するかの理由である。明らかに，そのような機能主義の言語観は古代ギリ
シャの修辞学に遡ることができる。更に西洋の個人主義に遡ることもできる。
しかし，それは東洋／中国文化の伝統標準と鮮やかな対照になる。東洋／中
国において，言語は自己の需要を満たすためだけではなく，社会と他人の願
望を満たすことに赴いている。聴者／他人／社会との調和を創造して維持す
ることを，言語行為の最も崇高な目標としている。

　東洋／中国の談話は目的性を持たないというのではなく，確かに個人や社
会に奉仕する機能があるのは承認する。この意味で，ハリデイの機能主義言
語学と伝統的な中国儒家言語観とは一致している。だが，具体的な道徳レベ
ルから見ると，両者ははるかに違っている。機能主義言語学は西洋の個人主
義文化に根差し，言語の最終目的が談話者の自身の利益にあり，他人／共同
社会への奉仕にあらずと考える。一方，中国の伝統的な言語論は，儒家の道
徳文化に影響され，集団主義を強調し，「仁」「和諧」「天下を平らげる」を
重んじ，従ってコミュニケーションの中，言語は個人の利益のためではなく，
他人／社会と調和の関係を保つため働いているのである。

　　言語の意味と言外の意味　　方法論から見れば，批判的談話分析には一つ
の特殊な文化選好がある。すなわち意味が言語の表現形式にあるという，言
語についての基本的なプリセットである。そこから，CDA の研究者は理論
や概念の上で言語とコンテクストの重要性を認めたものの，具体的な実証分
析において，しばしば完全に注意を，観察できる言語形式に置いてしまった。
非西洋文化の談話を研究した時，東洋文化の視角と認識をその研究の枠組み

に入れたこともない。そのような状況，大抵多くは根強い言語中心主義（言語は意味のキャリアとパイプである）の影響による。他面で，ヨーロッパ言語自身の構造や低コンテクスト状況に決められるのである。それに反して，多くの東洋の談話は示唆的で，高コンテクストである。中国文化は，口から出すことより，言及していないことがもっと重要であると思う。つまり「言は意を尽くさず」「意境（気韻）」「道」などこそは，人々の追い求める躰である。よって，東洋の言語学者は手段の面において，文字という形式に頼るだけではなく，更に経験，直感，想像，理想などといった言語以外のコンテクスト資源に頼ることを重要視し，同時に察し，対話などの解釈方法の運用にも注意する。

　筆者は全般的に西洋の談話パラダイムを否定するわけではなく，それをぐっと覆すだけで済むとも思わない。それを世界汎用モデルと見なすのも明らかにいけない。せめて，東洋・西洋の諸種の枠組みは対話しあって，総合的な革新を実現すべきなのである。

東洋パラダイムを再構築する基礎

　以上は東洋パラダイムを再構築する外部の原因を述べた。次は東洋談話の独自性，関わる文化資源および現代研究の成果に基づき，内部の基礎と条件を説明する。

東洋談話の独自性

　アジア・アフリカ・ラテンアメリカ文化の談話にはある共通性がある。即ち，西洋の談話と特殊な関係を形成するが，本質的に区別がある。これは本章ひいては本節の中心問題である。東方談話を自身の文化の視点から研究する活動はまだ乏しいわけだけではなく，更に，今西洋の学術は東洋の談話への先入観と偏見が益々増えている（Casmir 1974; Chomsky 1993; Cooks & Simpson 2007; Croteau & Hoynes 1994; Hawk 1992; Herman & Chomsky 1988; Pratt 1992; Said 1978, 1993; Tanno & Jandt 1994; Van Dijk 1993）。もしそのように東洋談話

への無視と誤解という問題を解決しなければ，日々に加速しているグローバル化は更なる多くの文化衝突と間隙をもたらすであろう。まさに，アフリカの言語学者 Kinge'l（2000）がアフリカ文化を話したとき，「もし研究者はある特定の集団の様々な口頭表現，たとえば，熟語，俗語，諺，格言，早口言葉，神話，伝説と詩歌などを理解して使用することができないと，当地の政治経済活動，社会組織と文化価値観を真実に理解することができない」と指摘したようにである。同様に Brody（1994: 253）は西洋の南米への考えを話した時，「当地での文学様式に対する分類と使用は我々にこういう事実をもっとよく理解させた。即ち，西洋での説話と歌曲との区別は，南米の口語習俗に何らの関係もなく，西洋で散文と詩歌との伝統的な区別は北米の口語習俗だけにふさわしい」と言った。

　東洋の談話の特徴はコンテクストと言語という二大談話要素から分析できるように思われるが，実際には状況はずっと複雑である。しかし，ここでその二方面の特徴を一応まとめたい。まず東洋のコンテクストを述べて，後で東洋の言語を述べる。

　第一に，少なくとも 19 世紀以降，アジア・アフリカ・ラテンアメリカの東洋文化は，第三世界や発展途上国が重要な文化政治の実体として，共同の歴史的境遇を有している。即ち植民地主義，冷戦と新植民地の拡張並びに西洋の政治・経済・海外貿易・科学技術・軍事と他の各領域における差別，搾取と排斥に遭ったことがある。

　第二に，そのような歴史的条件の下で，東洋各国は同様な発展上の問題に対面している。たとえば，工業化のレベルの低さ，識字率の低さ，貧困，飢饉，内戦，自然災害，人口の暴走，経済と科学技術の資源の不足，主権への脅威，民族分裂等々。そして，同時に同様な関心と期待を抱えている。たとえば，平和，平等，自主と発展への憧れ。

　第三に，アメリカと西洋をはじめとする国際マスコミはよく，アジア・アフリカ・ラテンアメリカ文化を「遅れ，腐敗，独裁」というイメージに描き，西洋世界の「現代，正義，民主」という自己のイメージの反面と為す。こういう醜悪化させる談話は，もちろん発展途上国の民生と将来にポジティブな

影響を及ぼしている（Casmir 1974; Chomsky 1993; Cooks & Simpson 2007; Croteau & Hoynes 1994; Hawk 1992; Herman & Chomsky 1988; Pratt 1992; Said 1978, 1993; Tanno & Jandt 1994; Van Dijk 1993）。

　第四に，非常に重要でもよく見落とされた一点とは，東洋文化は年齢・家族・性別・国家などといった様々な方面において，自ら特殊の文化価値観を持っていることである。たとえば，西洋では，個人主義の価値理念を崇める（Asante 1998, 2005; Beier & Sherzer 2002; Chen 2004, 2006; Fanon 1986; Freire 1985; Krog 2008; Orewere 1991:56）。それに対して，東洋文化は，謙遜と集団意識を講じ，他人・社会・自然との調和的な共存を求める。これも，東洋の社会行為と社会コミュニケーションの最高の準則である。

　最後に，アジア・アフリカ・ラテンアメリカ文化内部にも，政治・経済・貿易・社会・教育・宗教など及び他の方面の差異と不均衡があるから，研究者たちはこんな文化の複雑性と多元性にくれぐれも注意してほしい。

　東洋／アジア・アフリカ・ラテンアメリカ／発展途上国の世界の談話を分析して批評しようとする学者と学生は，必ず先にこれらの，色濃い文化経緯を有するが帝国化されて圧迫されている発展途上の文化コンテクストを了解しなければならない（Chasteen 1993; Gottlie & Labelle 1990 を参照されたい）。このようなことをやり遂げることができなければ，彼らの談話を誤解したり歪曲したり差別視したりしがちであり，中国の愛国主義の言辞を熱狂的な民族主義に誤読して，中国の人口コントロールを人権への侵害に誤解して，中国の社会的宣伝を政治的ごまかしに曲解する可能性がある。African Union: http://www.africa-union.org/; Latin America Integration Association: http://www.aladi.org/; Association of Southeast Asian Nations: http://www.aseansec.org/; South Asian Association for Regional Cooperation(SAARC): http://www.saarc-sec.org/ からより多くの情報を得られる。

　その他，東洋の各文化のコンテクストにおいて，言語にも一連の，独特で案外に類似的な「家族性」の共同の特徴があって，談話の表現と読解で現れている。

　まず，最も明らかな一点とは，アジア・アフリカ・ラテンアメリカ社会の

母語は英語ではなく，他のヨーロッパの植民者が彼らに押し付けた言語でも
ない。植民地主義の圧迫の歴史的影響によって，彼らは外来の言語をもって
自分の需要を十分に表現できないことを感じているが，自分の母国語は国内
と国際で二重の差別をされている（Basso1988; Kinge'l 2000; Nodoba 2002;
Orewere 1991; Preuss 1989; Sherzer 1990; Urban 1986, 1991）。このような言語
差別の現象は特に我々の注目に値する。我々の発表する研究成果から研究方
法まで，いずれも英語を媒介としている，というわけである（Lauf 2005）。

　次に，東洋の伝統的談話には一つの非常に重要な共通性がある。言語生産
と理解の方面において，調和を尊んで他人に配慮するということである
（Asante 1998; Brody 1994; Chen 2004; Urban 1991 を参照されたい）。たとえば，
アジアでの談話はよく一種の友好的な言語方式を通して「客気（遠慮）」を
表現し（Feng 2004; Gu 1990），相手の「面子」を立てる余地を残す（Jia
2001）。アフリカで，人々の使用している Shona 語は，人間関係のバランス
を保つことを最優先とする（Asante 1998:193-6）。ラテンアメリカで，対話
の形式を通して他人への承認と肯定を伝えることは，人々の最も重要な言語
特徴とされる（Urban 1991:135）。

　第三に，東洋文化にはまた言語の一つの共通の特徴がある。多くの言語行
為には特殊な媒介符号と使用形式があり，独特かつ豊富な象徴的意味がある
（Cooke 1972）。ナイジェリア語を例とすれば，現地住民の伝統的な談話の媒
介には，神話と伝説・音楽と舞踏・レースシンボル・陶器と木彫・鳥類と昆
虫なども含まれている（Orewere 1991:55-6）。

　第四に，東洋言語の話題は西洋の言語と違っている。西洋文化では，特に
個人身分・社会礼儀を表し，旅行観光・ビジネス往来・テロ活動などを話す
好みがある。それと違って，アジア・アフリカ・ラテンアメリカの人民は日
常に言及する話題はふつう貧困・平和・発展・自主である（Duncan et al
2002）。

　最後，西洋の談話と比べれば，東洋の言語内容と形式，科学技術領域にし
ても日常生活領域にしても，生産・流通・受け入れ・効率などの環境におい
ても，いずれも格別に弱い地位に立たされている。国際マスコミを例として

も，アメリカと他のヨーロッパ強国は完全に国際市場と世論を摑んでいる（Reeves 1993:1-22; Shanbo 2004:12）。国連ユネスコの統計によると，国際的出版物の 100 項ごとに，85 項は先進国から発展途上国へ流れてゆく（Shanbo 2004:12）。

東洋文化とアカデミー・リソース

　古い東洋には多くの知恵がある。それらは，我々の思想と行動を導いているだけではなく，一種の革新的なリソースとして利用することもできる。特に，その世界観と思想方法は我々の談話研究パラダイムの再構築にとって啓発的意義がある。たとえば，東洋学者の身分と声と学術革新の再現という方面。

　まず，アジア文化・アフリカ文化での基本的な宇宙観は皆「万物は合わさって一になり，調和に共存する」というのである。つまり，本体論／存在論の観点からいえば，宇宙万物，自然から人類までを一つの全体と見なし，その因子は相互に関連して，相互に依存している。よって，価値観の上で世間万物の調和的統一を崇める（Asante 1998; Ayisi 1972; Chen 2004, 2006）。中国の哲学で，その世界観は「和」と「天人合一」と呼ばれる（Zhang 2002）。アフリカの哲学で，Zulu 語の中の ubuntu（人と繋がって善になる）という言葉もそのような宇宙観を反映する。そのように社会的，自然的，調和的な本体論と価値観は我々に人と人の間，人と自然の間の相互関係を見せ，ついに他人を配慮させて，他人と分かちあわせて，自然との調和的な関係を探し求めさせる。

　もしそのような世界観を談話理論と研究の実践に導入してみれば，アジア・アフリカ・ラテンアメリカの人民に今まで言われた事や述べられた事は，彼らの歴史文化とだけでなく，西洋世界のやる事なす事とも，密接に関連しあう。なお，そのような全体観念と調和観念をもって，人々の談話実践を評価することができる。そんな批判活動はまさに，今まさに騒々しい国際社会に緊急を要することになる。その分析と批評の手法については，また第 6 章と第 8 章で触れる。

　東洋の知恵のもう一つの典型は，中国の伝統的な思弁哲学である。それはいつも，万物を，相互に依存し浸透し「相生・相剋」している部分から成る全体と見なす。西洋で主導的地位に立つ思考法は二元対立である。アメリカ元大統領ブッシュの講演から，それがわかる。「反テロ問題の上で，友にあらざれば即ち敵にあり」と。しかし中国人は「これを見てあれを思い出す」ことができて，「福と禍は依存しあう」「剛と柔は克ちあう」「有と無は生じあう」と思う。

　もしそのような認識論を談話研究の方法に導入してみれば，我々は総体と個体・西洋と東洋・研究者と研究対象・テクストとコンテクストなどで分けるという二分法や等級分けの思想を超えることができる。主体の研究者と客体の対象を対話させ，東洋・西洋の思想を対話させ，テクストと人生を対話させることができる。しかも，こういう対話は絶えず続いていく。その方法の試みについて，また第５章と第７章で触れる。

　第二に，社会文化の方面のリソース以外，東洋の言語研究についての伝統的な理論と方法は，現代の談話研究にとっても重要な意義がある。残念ながら，その中の一部の思想はグローバル化の進展の中で忘れられてしまう。しかし，一部は今の談話実践にも影響しつつ，もう一部は現有する談話研究モデルにより広い視野やより優れた手段を提供することができる。まず，中国伝統の言語理論における核心思想の一つは，「言は意を尽くさず」（『周易・繋辞』より）であり，これは言語形式の内容における限界を指摘し，人々が人生現実に対してより深刻な理解，より多くの探索，より活躍する想像を持つべきだということを示している。従って，「意境（気韻）」「神韻」「弦外の音」「道」「天道」「人道」等々のように，言語形式を超える概念が生まれた。この言葉はいずれも想像の余地を十分に残して，話者─聴者，研究者─研究対象の対話に存して，なお言外の意味を持っている。

　また，中国言語に含まれたそのゲーム論的な言語と意味の拡張のおかげで，中国学術の伝統では多くの意思伝達・解釈の方略と手段を作り出した。たとえば，「象」（「聖人は象を立ててもって意を尽くす」『周易・繋辞』より），「虚静」（「出でて虚静より生ずれば，一為ること寂たるが若く」『恒先』より），「虚一而静

（虚一にして静）」（『荀子』より），「虚実相生（虚と実は互い生かしあう）」（「虚を
もって虚を為さず，実をもって虚を為す」『四虚序』より），「依経立意（経典によっ
て意を立て）」（『文心彫龍』より），「頓悟」（『六祖壇経』より），「其の言を聴いて
其の行ひを観る」（『論語』より）云々（Cao 2008; Qian 1999; Zhou 2002）。よく
似たものとして，インドで美学と文学から「dhvani」という概念が派生され
た。先に韻論派の代表人物 Anandavardhana が提示して，後で Bhartrihari
によって改善された（Dissanayake 2009）この主張の最大の特徴は，言語を
意味の幽遠な隠し持ち及び詩情の婉曲な伝達と考えたことにある。同時，談
話に深い理解力と豊富な想像力を運用して，話し手の口頭表現から隠された
深意を掘り出す必要があるわけで，聞き手も言語活動の重要な参加者である。

　最後に，現代の学術研究は同様に東洋談話パラダイムの再構築に，一種の
思想リソースを提供している。とはいえ，研究条件の不足，談話空間の相対
的制約，生活水準の低下等々ということは，依然として発展途上国の学術研
究の邪魔になっている。しかし，幸いなことに，東洋世界に東洋・西洋の学
問と技能にも精通している多くの学者と学生が存在し，彼らは東洋の文化を
理解して愛している。

　⑴　その中で一部の研究活動は学界内部の植民地主義・冷戦思想・専制主
義を暴きだして批判している。代表者は Bustamante（1997），Cesaire（1972），
Fanon（1968），Halloran（1998），Irogbe（2005），McQuail（2005），Miike
（2006），Penny-cook（1998），Said（1978, 1993）などがいる。その研究結
果は，西洋学術研究が出発点においても実質においても研究方向においても
西洋中心主義の優越感を持ち，徐々に第三世界の学術研究をグローバル化の
進展から排除する，ということを示している。

　⑵　また一部の研究活動は談話研究界内部で対話を行う要求と方法を示し
ている（曹順慶 2008；施旭 2005）。彼らは談話研究者が必ず研究対象の文化
伝統を尊重して学習しなければならず，それから批判的対話を行い，それで
学術革新と文化間の相互受容に達する，と主張している。

　⑶　また一部の学者は絶え間ない努力を通して，アジア・アフリカ・ラテ
ンアメリカの言語学と伝播学の独自性と多元化を重要視して，具体的に解釈

している。彼らが言語伝播学の文化特性とローカル観念を提示しているというところは注目に値する。たとえば，アジア言語準則における「明弁」（Lu 1998）と「調和」，アフリカの一部の国家で人々は口に出すことより言及していないことを重んじること（Medubi 2009），ラテンアメリカの諸国で聴者も言語活動に活躍すること（Bustamante 1997:4; Lenkersdorf 2008; Fish 1980 と比べれば），礼儀言語（McDowell 1992）と曖昧な表現（Hill 1992）も談話における重要な文化であること。

　⑷　他に明らかにする必要があるのは，第三世界についての研究がますます多くなっていることである。Batibo（2005），Berardi（2001），Pardo（2008），Prah（1998, 2002, 2006）などの学者はその模範となる。彼らは外部でないローカルの文化から出発し，それらの文化の直面している問題を見つめ，ホットスポットと人民の期待に注目している。たとえば，アフリカの言語伝播の研究領域において，こういう議題が繰り返し現れている。植民地時代でヨーロッパ人に強制的に国土を分けられたアフリカ諸国は，ローカル言語の保存・発展・標準化の方面の関心が，未来の一定の期間でアフリカの経済発展・文化教育・科学技術進歩に，極めて重要な影響を及ぼす（Batibo 2005; Prah 1998, 2002, 2006）。マスコミはアフリカの文化に応じてアフリカが次第に発展するのを助けるべきである（Banda 2009）。むろん，アフリカの情勢が平穏になって人々が公平に対処される前に，その言語と文化の多元的態勢を納得して尊重する必要がある。

　このような研究は，東洋談話の再構築活動に良い基礎と場を提供している。詳しくは以下のサイトを参照されたい。

アジア

Asian Communication Research:
　　http://www.asiancommunica-tionresearch.com/
Asian Research Center:
　　http://www.stjohn.ac.th/arc/01main.htm
Southeast Asia Research Centre:
　　http://www.cityu.edu.hk/searc/

Asian Media Information and Communication Centre:

　　http://www.amic.org.sg/

Asian Mass Communication Research & Information Centre:

　　http://sunsite.nus.edu.sg/amic/

Asian Communication Resource Centre(ACRC)

　　http://www.ntu.edu.sg/sci/research/acrc.html

Reseaerch Institute for Language and Cultures of Aisa and Africa:

　　http://www.aa.tufs.ac.jp/index_e.html

アフリカ

CODESRIA(Council for the Development of Social Science Research in Africa) :

　　http://www.codesria.org/

African Studies Quarterly

　　http://web.africa.ufl.edu/asq/v8/v8i2a15.html

South African Communications Association:

　　http://www.ukzn.ac.za/sacomm/

Africa-Communication-Syracuse University Library

　　http://library.syr.edu/research/internet/africa/generalia.html

African Studies:

　　http://www.columbia.edu/cu/lwed/indiv/africa/cuvl/langs/html

African Studies Center:

　　http://www.africa.upenn.edu/Abour_African/ww_langsofw.html

ラテンアメリカ

Latin American Association of Linguistics and Philology

　　http://www.mundoalfal.org/

Inter-American Program

　　http://www.acdi-cida.gc.ca/CIDAWEB/acdicida.nsf/En/JUD-32712382-

NPB)

　ここまで，東洋談話新パラダイムの再構築には事実的拠り所だけでなく，実際に利用できるリソースもあることがわかるであろう。同時に，言語伝播の研究の上で批判的精神を持つ学者と学生も乏しくない。最も重要なのは，発展途上国で生活している人々には，そのような新モデルを立てる需要・権利と責任がある。それで，自分のアイデンティティの価値を作り直し，国際社会においてより有効に交流しあい，なおかつ世界にその土地と人民をより良く了解させる。

東洋パラダイムを築く基本的な原則

新東洋パラダイムの基本原則

　東洋談話の特性，古い文化的知恵と現代学術成果は，東洋談話の再構築に基礎を提供している。では，東洋談話パラダイムはどのようなモデルであるべきか？　如何なる作用を発揮するか？　もし，そのパラダイムを立てるのが必要かつ実行可能であるとされたら，幾つかの基本原則に従わなければならない。

　第一の原則として，新パラダイムはローカルに立脚しながら世界を見渡し，歴史を受け継ぎながら現在を把握し，文化の上で寛容な態度を貫き，各レベルの談話研究を含むべきである。これは，研究者が東と西の研究方法を融合できることを要求する。新パラダイムの基本信条として，まず，多元的文化の立場を堅持し，学術の声を入れる。次に，すべての文化と学術伝統は相互に尊敬するという原則を受け入れ，人類の福祉のために奮闘する。少し理想主義気味であるけれども，資本主義のグローバルな拡張，新植民地主義の膨張，相次ぐ国際衝突という世界情勢のもとで，こういう理想主義が必要であろう。筆者はこれを「多元文化主義者」の立場と呼ぶ（Shi-xu 2006a）。

　第二に，東洋新パラダイムは自分の独立した文化アイデンティティの象徴を持つべきである。即ち，世界中の人にアジア・アフリカ・ラテンアメリカ国家の豊富な文化遺産と知恵の結晶を示して，その人民の哲学思想・価値理

念・生活方式を映し出す。したがって，東洋の文化主体性・思想意識・民族経歴・人民の期待を解釈できるパラダイムだけが，支配的地位にある主流の西洋談話パラダイムと平等に対話できる。文化多元化に達して国際談話学術界と平等に対話しようとするなら，これは，最も不可欠な条件である。

　第三に，東洋談話パラダイムは，その中に東洋諸国の歴史・現在と未来を映し出すべきで，なお諸国の発展，眼前の社会問題の解決を助けられるべきである。これは，新パラダイムが談話現象への解釈や説明のことだけではなく，東洋文化の微弱で非効率な談話状況に新たな方法とアプローチを提供して，東洋諸国ないし全人類に有益な談話新パラダイムを作り出すのも必要であることを意味する。そこで，研究者たちは発展途上国が圧迫され侵犯される，或いは発展の緩慢といった問題を強調しながら，人民が経済発展と独立自主を渇望することを見るべきである。そのほか，その談話パラダイムはローカルの談話に特別な注目をすべきである。

　第四に，東洋談話は西洋談話と平等な対話を遂げるべきである。これは，新パラダイムに西洋パラダイムの概念・原則・応用形式に対応するものがあるべきであることを意味する。それだけで西洋の談話分析者はその新たな文化パラダイムを理解して，それに答えて，それについて評論することができる。従って，両方の利益になる。東洋の談話パラダイムを再構築する核心的な目的は東洋・西洋文化の平等対話と多元発展のためにある，というのはそれを見れば分かるであろう。たとえば，「談話」「テクスト」「コンテクスト」など，西洋談話パラダイムよりの概念を話すとき，理解しあう便利のため，我々も同じ或いは類似した用語を用いる。

　無論すべての東洋談話パラダイムは完全に一致したモデルを持つべきではなく，研究者たちは同様の構築プロセスを執行すべきでもない。しかしながら，アジア・アフリカ・ラテンアメリカ国家の学者と学生がよりよく才能を発揮するため，彼らの学術研究が本国ないし国際領域で広範に認められるため，以上の原則に則った方が良いと考える。

東洋談話の新パラダイムの再構築のストラテジー

では，如何に東洋談話の新パラダイムを再構築するか。発展途上国の言語・コミュニケーション・メディア領域の学者たちは何をすればよいのか。先進国にいる，文化批判意識を持つ学者たちはまた何をすればよいのか。

それらの学者たち自身の要素を考える前に，まず政府・大学・企業が東洋言語学とメディア学の研究に大量の財力と物資を投入しなければならない。次に，文化多元化は真面目な意味で学術革新の強心剤のようである。それで，多元化文化と通文化教学研究を支持する普遍的国際コンテクストを創立しなければならない。

・東洋と西洋の談話研究者は何らかの形式での植民地主義・西洋中心主義・文化専制主義を排除して批判しなければならない。理論実践においてだけでなく，言語伝播と応用の方面でも，徹底的に排斥して反対しなければならない。同時に，文化劣等感と依頼性から抜け出して東洋国家の文化アイデンティティを再構築する。歴史的原因によって現れた文化植民地主義と学術専制主義は現今の学術研究のマクロ環境になっている。学者たちには，格別に努力してこのような局面を破る必要がある。それは今の東洋談話研究の緊急の議事日程である（Fanon 1986 を参照されたい）。

・西洋談話の形式と内容を把握した上でそれらに溶け込もうとする際，東洋学者は自らの民族文化の精粋と学術遺産を重視しなくてはならない。その間，言語・メディア学・談話学の研究分野で学者らしい自分の声を出してほしい。たとえば，彼らは当地文化とグローバル文化と類似したり一致したり重ねたりする談話の観念を討論し，関わる現象の研究方法を出すことができる。その他，彼らは，それらの観念を新たに解読する方式を探し，それをもって今臨んでいる問題を解決し，また主流の学者の理解と承認を得ることができる，という責任を持っている。

・研究者たちはローカルの角度から東洋談話を観察して述べる需要があるから，真面目にローカル談話に表される感情，願いと社会の焦点に注目しなければならない。ローカルコンテクストに密接に関わる国際環境にも同様で，ローカル社会の談話で討論される国民的関心事がどこにあるかである。

52

・共同の目標を果たすため，アジア・アフリカ・ラテンアメリカの研究者た
ちは相互学習と提携という優秀な伝統を受け継ぐべきである。談話研究の
文化多元化を豊富にして深化させるため，有色人種・フェミニズム・ポス
トコロニアリズムについての研究を行う必要があり，こういう思潮は圧迫さ
れて搾取されていた集団の経歴によるというわけである。その他，白人・
西洋の理性主義と「通用」主義への批判も徐々に談話分析原則に浸透する
ようになる。

・東方談話研究者たちは最善を尽くして，ネット・会議・ジャーナルなど
様々な手段を通して，教学・研究・出版という各レベルの上で東洋的特徴
を帯びる学術成果を国際領域に発信していくべきである。国際応用言語学
学会（AILA）は，歴史的原因によって国際交流において英語に言語覇権主
義が生じると考える（Carli & Ammon 2007）。道阻にして且つ長し。東洋学
者には大変な努力を傾け，七転八起の精神で国際談話界に発言権と平等対
話の機会を探す必要がある。国際的ジャーナル『談話と多元文化』はまさ
にその目標のため努力している。杭州で三年ごとの談話と多元文化討論会
も，東洋・西洋学者のために対話の場を提供する学術フォーラムである。

・重い歴史的負担と現実的使命を背負って国内外の二重の圧力に対する東洋
学者たちは，自分の力だけでその画期的な任務を完成するわけではない。
西洋における批判精神と文化覚醒を持つ学者たちの力を借り，協力して頑
張る必要もある。それらの学者は，①学習・傾聴・対話を通して，談話研
究界における一方通行の交流と批判方式を止める，②東洋学者を励まして，
自分の歴史的責任感・文化アイデンティティ・学術の声を意識させる，③
理論と研究実践の方面で文化対話と批判のため条件を作り出す，というこ
とができる。

おわりに——談話学から文化談話研究

最後に，本章の主旨を再び申し上げたい。

⑴　現今のいわゆる人類に普遍的な談話研究モデルとは，普遍化された特

定な文化的システムの一セットに過ぎない。そのようなシステムはただ人類の学術をもっと貧しくし，人類の文化を支離滅裂にするのである。今からは，まさにその学術文化の専制を変える時であろう。

⑵　反響と抜け道として，文化批判精神を持つ学者たち，特に発展途上国の人民に馴染んで愛している学者たちと学生たちは，東洋に行っても西洋に行っても，真面目に多元的，対話的かつ文化平等的なパラダイムの活動に身を投じるべきである。多元文化談話研究を実現するため，創意に富む実用的談話研究が繁栄するためである。彼らはその事業を遂げるために十分な理由，相当した責任感と優れた能力を持つ。

⑶　本章で東洋談話の言語とコンテクストについての叙説，東洋談話パラダイムを再構築する原則とストラテジーは，東洋／アジア・アフリカ・ラテンアメリカの学者と学生のため，一般や特殊の東方パラダイムを立て直し，ローカル文化の談話を研究する大体の枠組みを一セット提供している。開放的で，学術対話の展開に伴って，少しずつ修正してゆくものである。

⑷　最後に言いたいことは，これまでは一応一つの例示だけであるが，この先，まだ他の文化談話パラダイムが提示されて，多元文化の学術に加えられるということを期待している。

第3章　中国パラダイムの基礎と資源

　1970年代から発した欧米の談話分析（Discourse Analysis），伝統の構造主義言語学の限界を破り，言語とコンテクストを結びつけ，言語実践活動をもっと全般的に認識して研究する。たとえば，一文の限界を破り，テクスト構造（たとえば接続，物語構造），言語機能（たとえば言語行為，文体），語用原則（たとえば協調原則，ポライトネス理論）に注目する。社会生活における権勢や現実構築などの問題を切り口とする談話研究の形式が必要だ。当面は，既に国際社会科学において著しく発展している最新の科学になる。談話研究の実践は，それが社会談話への認識と批評が効果的で，社会科学自身にも一定の反省にもなる。中国現代の言語研究の枠組みを比べれば，言語生活から抽象された音韻，訓詁と方言の方面に集中している。統語論の研究といっても，西洋の理論のもとで行われて，中国社会談話を探索する一連の相応の理論と手法体系がなく，実際の研究伝統もないのである。しかも中国外国語学界の談話研究は主に西洋的な研究手法に従い，国際舞台に自分の声がない。それで，中国社会科学学界は中国で自分の文化特色を有する談話研究体系を発展させることを考える必要がある。

　まず明らかにするのは，談話分析がやはり西洋の言語研究と文化伝統に由来するということである。では，それは西洋の概念・価値観と趣旨を帯びるかどうか。中国の学者はいかに革新するか。中国談話の研究は中国文化のコンテクストを考慮すべきであろう。中国学術伝統には参考になれるところがあるか。中国と西洋の学術伝統はいかに学習しあって総合的に革新するか。

　目下のところ，国際環境はグローバル化，西洋化が加速している一方，中国政治経済の発展は我々の学術革新に有利な条件を提供している。このような新形勢において，多年にわたる「文化失語」の中国社会科学学者は，いかに機会をとらえて，挑戦に向かって，平等の文化身分で国際的な学術対話に

参加するように努めるのか。

　実は中国学者は近年既に，学界の西洋化，受け売りと失語という問題を普遍的に認識してきて，グローバル化の新コンテクストにおいて，いかに東洋・西洋文化学術の関係を処理して中国文化学術の復興を遂げるかを考え始めた（陳国明 2004；陳平 2006；銭冠連 2002；曹順慶 2001, 2002；申小龍 2001；司馬雲傑 2001；汪風炎，鄭紅 2005）。

　以下では，まず東洋文化の視点から主流の談話分析の西洋中心主義の傾向とその結果を簡単に分析してみたい。ついで現在中国文化談話研究の新パラダイムの再構築に関わる伝統文化資源と学術資源に重点を置いて述べる。その目的は今後の理論と方法を構築するための下地を作り，基礎資料を提供することにある。そして，再構築の活動の指導としての具体的な行動方略を示してみたい。最後に，新文化パラダイムのもたらす学術と文化への影響を示す。

現代中国談話研究体系を構築する可能性

　特に 19 世紀以降，西洋社会の主流派は学術界を含めて貶して歪曲している（Said 1978, 1993）。中国の学者と学生としては現代中国を改めて表現し評価する必要がある。これは我々が現代中国談話理論を立て直すという需要の第一の直接的な原因となる。現代中国談話は自身のコンテクストとテクスト特徴を有して，これは第二の原因となる。現代中国談話は中国の政治・経済・外交・文化・芸術・科学・教育・法律・メディア・日常生活などの各面にわたる言語行為とコンテクスト現象を指す。従ってそれは現代中国の主体性・精神面と社会実践内容を体現し，中国伝統文化と外部の世界の共通性と特性及び歴史・文化関係を表している。第三に，我々は新談話研究パラダイムの再構築に資する独特な文化と学術資源を持っているのである。

　我々が研究する対象は孤立した言語や社会や心理の現象ではなく，現代生活の中で言語を含める各種の意味符号によって行われる意思伝達活動である。たとえば，マスコミ，文学，教育，コマーシャル，社会科学，法律。はっき

りとしたのは，これらの意思伝達活動は文化・心理・歴史・政治・経済など
とは不可分である。それで，我らの研究は学際的である。

中国文化談話研究の新パラダイムを再構築する基礎

中国文化談話の現実　　現代中国談話，現代東洋談話のように，西洋談話
と共通性や関連があるとはいえ，自身の本質的特徴もある。第一として，ア
ジア・アフリカ・ラテンアメリカ地区を代表とする東洋談話は，中国文化談
話の主体，広大な中国民族の人々，近代西洋列強に凌辱された歴史的集団記
憶を持っている。その植民支配と圧迫経歴，及び関わる認知と感情は現代中
国談話コンテクストの重要部分であり，現代中国談話と特殊で複雑な内的関
係にある。第二に，中国文化談話は西洋，アメリカを主導としての国際談話
体系に，弱い地位に位置している。このような状況と国際社会関係も現代中
国談話コンテクストの重要な部分であり，同じく現代中国談話と特殊で複雑
な内的関係にある。第三に，現代中国文化談話には自ら特殊な関心を持つ物
事と問題，特殊の世界観，特殊な言説方式がある。その文化談話の特性は西
洋を中心として広範化された「普遍的」理論か方法でカバーして処理できる
ものではない。

　中国文化談話の文化資源といえば，中国文化談話本体（言語使用＋コンテク
スト）以外に，中国伝統文化の世界観・思考方式・人生観（哲学）も我々が
現代中国文化談話研究の新しいパラダイムを再構築するもう一つの重要な基
礎条件や資源である。

　中国伝統文化には特殊な世界観・思考方式と人生観がある。それらは西洋
の哲学の枠組みと違って，それとも互いに補うことができるので，十分に利
用すべきであり，よって中国文化の特色のある更に完全な科学研究体系を立
てる。第一に，中国伝統文化の礎石としての「天人合一」という全体的世界
観は，西洋文化における典型の「原子観」の限界を乗り越え，物事の間の関
連と物事の全体像を見ている。もしそれを談話理論の構築に導入すれば，
我々には研究者と研究対象，言語使用とコンテクスト，研究結論と社会責任，

東洋・西洋文化などの関連因子を結び付けて，もっと全面的な談話理論を拓くことができる。第二に，「天人合一」と同じ流れをくむ，中国伝統文化のもう一つの礎石としての「弁証法的思考」モード，西洋「二元対立」の欠点を乗り越えて，我々に物事の間を補完しあい，展開して変化する複雑で内的な関係を見せる。もしそれを談話理論の構築に導入すれば，研究者と研究対象，言語使用とコンテクスト，研究結論と社会責任，東洋・西洋文化などの物事の「相生相剋」的，「君の中に我あり」「私の中に君あり」という複雑な関係を剝き出して，もっと豊富な談話理論を提示することに役立つ。第三に，中国伝統文化では，人は「仁」という完璧な境地を得ること（『論語』で 109 回言及した）及び社会活動で「天下を平らげる」という最終目標に達すること（「修身，斉家，治国，平天下」の中の最高のレベル，『礼記・大学』）を追求する。その人生の最高原則や道徳標準は同時に中国文化の社会「和諧」観念とぴったりしている。もしそのような人生の最高理想と，西洋文化で個人自己を中心とする道徳観に比べれば，中国文化の「利他的」「利社会的」集団主義的，現代社会に必要とされる特性と本質が見える。もしその中国民族の美徳を中国談話理論に導入すれば，我々は現在の発話者を中心とする理論を広げるだけではなく，人々の談話活動を評価する面において重要な倫理標準がもう一つ増える。

中国文化談話の学術資源

　中国文化は前述の壮大な文化気質を備えた以外，言語コミュニケーションに関する一連の緻密な学術思想を有している。その中の一部の思想，特に儒家の言語観は，その中国で二千年余りにわたる支配地位によって，中国文化の言語実践においてかなり大きな作用を発揮している。したがって，中国文化談話の理論と方法を再構築しようとしたら，必ずこういう言語学術思想と言語道徳思想を改めて掘り出して，解釈して，再創造する必要がある。我々は，これらの思想を，ⓐ談話意味の生成と理解に関する理論，ⓑ談話範疇の理論，ⓒ談話生成と理解の道徳，の三つに分けることができる。

(a) 独特な談話意味生成と理解理論——「言は意を尽くさず」。中国文化で言語コミュニケーションに関する核心理論は「言は意を尽くさず」(『周易・繋辞』)であろう。老子は『道徳経』の第一章で「道の道とすべきは常の道に非ず」と言った。すなわち、「道」は言説できないのである。その話は同様に意味の言説できない性質を表している。しかし同時に、言語は必ず意味を表現しよう(曹順慶 2001)という言語問題のもう一つの側面を表している。荘子も「言は意に在る所以なるも、意を得て言を忘る」と言った。その「言は意を尽くさず」(『周易・繋辞』)、「言は尽きありて意は窮まりなし」(宋・厳羽『滄浪詩話・詩辨』)という思想は、劉勰の『文心彫龍』(「隠なる者は文外の重旨なる者なり」、『隠秀』篇)でも十分な表現と伝承を得た。

言と意、言と道のそのような矛盾により、談話生成と談話理解の方面において、中国文化は相応する策略と規則を発展させてきた(曹順慶 2001)。「聖人は象を立て以て意を尽くす」(『周易・繋辞』)、「少しきを以て多きをまとめる」(劉勰『文心彫龍・物色』)「虚実相生」(虚境は実境に誘起されて開かれた審美の想像の空間を指す、実境を通して実現する。実境は虚境の統括のもとで加工される。両者は結びつけば意境の独特な構造法になる)、「経に依り義を立たせる」(「『詩』の人は耳を提すごとき、屈原は婉順たる。離騒の文、経に依り義を立たせる」『文心彫龍・辨騒』)、「頓悟」(元々、仏教学において正確な修業方法を通して、迅速に仏法の要領を得て、従って正確な実践を指導して成就を獲得することを指す)、「虚静」(元々、中国古代哲学、たとえば『道徳経』『管子』『荘子』の中、人は外部の物事を認識する時の一種の静態の精神状態を指す。劉勰は『文心彫龍』で、さらに「虚静」を、作家を一層よく芸術構想と審美想像に投入させる境地と、定義した)。

(b) 「意境」「風骨」「神韻」「文気」などといった独特な談話範疇。これらは中国文芸理論、特に古典的詩学での独特な談話範疇。たとえば、「意境」、最古に王昌齢『詩格』で見られる。それは一般的知性の考えや心意気を指すのではなく、作品の中で呈されて、あの感情と景色が混じりあって生命の律動が活躍して味わいが尽きない虚実相生的な詩的空間を指すのであり、言語に表現させる「道」の「意味」である。言外の意味を強調するから、本質的に「道」と同じである。「風骨」は文学作品が内容(或いは「情」)と言葉遣

いにおける美学規範や要求を指す。「神韻」は一種の理想的で，味わいが深く，天然に生成されて，清澄で高遠な芸術境地を指す。「文気」は作家の気質や個性を描写し，作家の創作個性の文学作品での具体的な体現を指す（曹丕は『典論・論文』で提唱した「文は気を以て主と為す」という著名な論断）。文気説は創作主体の心理構造の先天性，安定性と個体差を強調した。

　(c)　言と徳の弁証法的関係という独特な談話生成と理解の道徳。前にも言及したが，儒家の伝統は中国二千年余りにわたる主流文化であって，中国談話を認識して把握しようとするとその伝統を考えなければならない。ロジックから言えば，その談話観を把握する必要もある。我々は，儒家の談話観が「立徳」を談話の第一原則とする論理的（ethical）概念であり，『春秋左氏伝』『論語』『呂氏春秋』などの一連の著作で体現している。儒家思想の核心作品としての『論語』にも言及した。

> 徳有る者は必ず言有り，言有るは必ずしも徳有らず。『論語・憲問』
> 礼にあらざれば視ること勿れ，礼にあらざれば聴くこと勿れ，礼にあらざれば言うこと勿れ，礼にあらざれば動くこと勿れ。『論語・顔淵』
> 巧言令色，すくなし仁。『論語・学而』
> 巧言，令色，足恭なるは，左丘明これを恥ず，丘も亦これを恥ず。『論語・公冶長』

　それらから幾つかの潜んだ仮説を導出できる。①言語の本質は道徳的であり，言語は道徳性を抜きにして独立できない，②発話者は道徳を求めるべきである，③聞き手も道徳を求めるべきである。それで，儒家の談話観は「立徳」を出発点にするのである。

　儒家の言語道徳観には一部の具体的な形式と内容があり，それは一連の具体的な談話関係に現れている。

　(a)　言と人の関係において，儒家は言語行為が道徳的価値を有し，しかもその言語活動は発話者の気質特性に関連があるため，人々は言語と発話者に価値判断を下すことができると思う。それで，儒家は発話者が言葉を慎むべきだと提唱している。同時に，儒家も言語が自身の特性を有するため，聴話

人も慎むべきだと主張している。

　　君子は一言以て知と為し，一言以て不知と為す。『論語・子張』
　　君子は言を以て人を挙げず，人を以て言を廃せず。『論語・衛霊公』

　(b)　言と行の関係において，儒家は行動と言説が違った現象で，前者が後者より重要であるため，人は話を聞いたり話したりするときもっと気をつけたほうがいいと考える。

　　始め吾人に於けるや，其の言を聴きて其の行を信ず。今吾人に於けるや，其の言を聴きて其の行を観る。『論語・公冶長第五』
　　先ず行う，其の言は而る後に之に従う。『論語・公冶長第二』
　　君子は言に訥にして，行いに敏ならんことを欲す。『論語・里仁第四』
　　君子は其の言の其の行いに過ぐるを恥ず。『論語・憲問第十四』

　(c)　言と信の関係において，儒家は特に話の信用を求めることを強調している。

　　朋友と交わるに言いて信有らば…『論語・学而』
　　言，忠信，行，篤敬なれば…『論語・衛霊公』

　ここで指摘する必要があるのは，孔子のいわゆる最も崇高な道徳理想はその歴史限界性，特に階級局限性があり，それは当時も統治者たちに資するものである。一方，我々が認識すべきなのは，道徳理想が時代の変化に応じて変化しつつあっても，道徳自身は常に一定の政治の枠組みのもとで形成するもので，しかも儒家文化が中国二千年余りの間の主流文化であって，中国文化談話の特徴はかなりのレベルで政治を維持するためのものである。「一言にして以て邦を興す……一言にして以て邦を喪す」（『論語・子路』）と「名正しからざれば即ち言順わず，言順わざれば即ち事ならず，事成らざれば即ち礼楽興らず，礼楽興らざれば即ち刑罰中らず，刑罰中らざれば即ち民手足を措く所なし」（『論語・子路』）は皆儒家の対話への政治的アピールを表してい

る。

　現代中国文化学術にはすでに中国談話研究に関する一定の基礎がある。た
とえば，曹順慶（2001, 2002），陳国明（2004），陳汝東（2004），申小龍（2001），
施旭（2008），Guan Shijie（2000），Jia Wenshan（2001），Lu Shuming（2000），
Lu Xing（2000），藩開木（1996），施旭（2006），Shi xu（2005），邢福義（2000）
は違う角度から中国文化での学術資源を発掘し，再利用の方法を討論してい
る。これ以上贅言はしない。

中国談話研究体系の学術資源を発掘

　現代中国の談話を解析して評価したり，あるいは中国談話の効力の改善を
助けたり，または国際学術論壇で中国の声を発したりするのは，いずれも西
洋の観念やモデルをむりやりに当てはめるべきではない。有効的に現代中国
の談話を学習して研究して革新し，なお世界中の他の学術伝統と平等な対話
を行うため，中国の学者には先ず，中国文化に根を張って人類世界も見渡す
一揃いの談話研究体系を立てる必要がある。しかし，その目標を遂げる基礎
は，西洋談話研究の流れにも詳しく，中国文化の根本的知恵と価値観も知り，
関連する中国学術伝統も了解し，現代中国の言語実践及び中外のコンテクス
トを把握するのである。このような理念はもはや今中国談話研究学界の普遍
的認識になっている。

　ところが，我が国の学界がおける特定の歴史的発展段階により，長い間国
際人文社会科学における不平等な談話秩序により，中国のローカル研究は不
足し，たっぷり西洋化している。談話の研究と教学では中国化の道を取ろう
としてもそれで厳重に制約されて，国内の文献も体系的に整理されていない
ままである。

　確かに，中国伝統的学術では現代西洋のいわゆる「談話研究」や「談話分
析」という学科はないし，多くの範疇・概念・規則・原則及び研究方法は中
国学術で直接に対応するものもない。たとえば，「テクスト」「コンテクス
ト」「言語行為」「テクスト」云々，「談話」自身さえ，英語「discourse」か

ら翻訳されてきたのである。而も中国伝統的言語学（文字学，訓詁学，音韻学，方言学，文法学）が研究していたのは言語符号そのものというわけで，談話学への関心からは遠く離れている。

しかし，それらの状況は，中国学術で発掘したり学習したり利用したりできるものがないわけではない，と言いたい。逆に，国内外の中国学術では実に，談話に関わる極めて豊富な文献の宝物が埋蔵されていて，我々が発掘・整理し，再解釈して，結果として運用するに値する。比較的にいえば，それらは最も中国文化の根本に近い学術である。もし我々中国人が中国の談話を研究しても中国学術伝統とその成果を考慮に入れなければ，それはやたらに自分を卑下するしかない。我々は，談話についてのいわゆる普遍的理論や方法も中国学術視点が含まれていないなら，完全で全面的な体系ではない，ということを思い知るべきである。

以下では大摑みに談話研究の中国化に対して価値のある幾つかの中国学術資源の領域を述べよう。

先秦言語哲学　　現代西洋言語学哲学の一部の思想は我が国の先秦時代に，既に現れた。たとえば，言語の倫理性と言語の社会性及び言語の社会効用についての認識。先秦の諸子百家の「名」と「実」に関する争いは中国が言語と世界の関係を認識する起点である。「正名」についての観点は中国二千年にわたる言語使用の政治的性質を解釈できる。「道」についての認識は中国談話生成方式全体に本質的な関連がある。『易経』『荘子』『墨子』『荀子』『論語』などの経典的作品は，一部分が言語に言及したが，多くの深厚な言語理論と言語倫理思想をその中に反映した。それらは重要な歴史的地位を占めるし，今でも強い生命力を持っている。たとえば，言語の「約定俗成（しだいに定まって広く一般に認められたものとなる）論」，「和を貴しと為す」の原則，「言は尽きありて意は窮まりなし」という言語規則など。

中国文章論　　伝統中国文化精神にあるもう一つの領域は中国文章論である。それには『文心彫龍』『典論』『滄浪詩話』『人間詞話』『管錐篇』などの経典的著作がある。そして，言象・意・道・文気・神韻・意境・風骨・頓悟などの範疇と概念についての論説も文章論の歴史に存在している。それらは

全部我々が発掘する価値のある大切な文庫のようである。最近 20 年間，比較文学界の学者たちは，西洋文章論との批判的対話及び中国伝統的文章の発掘や再考の実践活動を通して，たとえば『中国文論談話』（曹順慶など）で，一連の新しい中国文化談話の生成と理解の規則，更に発展して革新するアプローチを提示している。これも新談話研究体系を築くもう一つの知識源である。

中国コミュニケーション学　20 世紀でアメリカ西洋コミュニケーション学との接触により，華人社会において特に海外華人社会において中国文化を出発点とするコミュニケーション研究の体系が形成されつつあった。それから，学者は最近 20 ～ 30 年間中国と西洋の比較と参考を通して，中国文化を反映するコミュニケーション研究のモデルを築く道を探索し，中国文化の特質のあるコミュニケーションの概念・理論・方法と原則を発掘したり作ったりした。まず，中国の歴史上で伝・播・揚・流・布・宣・通・逓といったコミュニケーションに近い概念，或いは文化で縁・面子・関係といったコミュニケーションに関わる概念を発掘した文献は数々あり，現有理論の開拓と豊富化に資することになれる。近年間中国文化コミュニケーション理論と方法論を探索したり再構築したりする文章と書籍も多くある。たとえば，陳国明に編著された『中国コミュニケーション理論と原則』。その他，国内外の華人世界でも助力になる価値のあるコミュニケーション学に関するサイトとジャーナルが多種あり，すべて我々談話研究界にとって学ぶべきところであろう。

中国語修辞学　現代科学の意味での修辞学は紀元前 5 世紀の古代ギリシャに出現したとされても，先秦時代の儒家・墨家・道家・法家には自分の修辞理論があったのである。まず，中国伝統上で修辞に関する多くの格言は発掘の甲斐のある資源である。たとえば，「辞を修め其の誠を立つ」（『周易』），「君子は言を以て人を挙げず，人を以て言を廃せず」（『論語』），『言の文無きは行われて遠からず』（『春秋左氏伝』）。また，20 世紀西洋現代修辞学が生まれた後に，我が国でも大量の体系的かつ全面的な修辞学著作が出現した。たとえば，陳望道の『修辞学発凡』，鄭子瑜の『中国修辞学史稿』，袁暉の『二

十世紀的漢語修辞学』。外に多くの文献は，中国語と中国文化の特有な状況，たとえば対偶・排比・頂針などの言語形態，家族愛を重要視したり権威を崇めたりする文化心理，現代修辞学・言語学・文体学とスタイル研究の概念を結び付けて，中国語修辞の手段・機能・方法・原則と規律を提示した。

　それらの領域が弁証法的に依存して，互いに浸透しあっているから，それらの文献情報も互いに対照することができる。それで，現代中国談話研究の新体系を築くことへの啓発，支持と充実の作用を示す。

新パラダイムを再構築する談話準則

　談話研究の新しいパラダイムはいかなるものであろうか。どのような特殊機能や標準を持つべきであるか。あるいは，どのような基本談話準則に従うべきであるか。ここでは，三つの要素を強調したい。①新パラダイムは必ずローカル文化に立脚する。いわば，東洋文化パラダイムの一部分として，それはひたすらに他種の文化学術圏の趣に従うのではなく，中国文化自身の需要から出発し，自身の問題の解決を助けることができるものでなくてはならない。それは，中国文化の自覚と改善，それとも中国文化と世界文化の平等な交流と発展を促進することを含む。②新パラダイムは必ず中国文化の特色を持つ。いわば，それは必ず知識論・理論・方法・問題といった方面において現在の状況を超え，また中国文化の伝統と現実を反映する。これはモデル革新の基本的要求であり，これだけで我々の研究実践は最後に談話研究の多元的対話と発展を推し進めることができる。③新パラダイムは必ずグローバルな視野を持つ。それは必ず，ⓐ知識論・理論・方法・問題といった方面において，文化的包容性がある，ⓑ東洋学術の一部として概念と言語において主流派の学術団体と対話することができる，ⓒ中国の談話への研究を助けるのみならず，ある程度で他の文化の談話への理解も助けられて，人類の交流と調和的発展に貢献する，ということを意味している。

新パラダイムを再構築する行動方略

　前述した国際学術の背景，中国文化の歴史と現実，中国学術の資源と現有の基礎，及びパラダイムの文化革新への基本要求から見れば，我々は，壮大で極めて困難な研究事業に直面している。以下では，中国文化談話パラダイムの再構築のために一部の具体的な研究計画，或いは我々研究者の取るべき「談話原則」を示したい。アドバイスする各々の方略は，単独で実施したり，併せて行ったり，階段的に展開したりしても可とする。学者と学術団体は，各自の具体的情況によって定める。

　⑴　学術の文化覇権行為に対して十分に，持続的に抵抗し，積極的に学術の文化多元化を提唱したり示したりする。たとえば，言語・談話・メディアについての学術談話の中での文化・民族・人種関係を質的や量的に分析し，文化比較法・歴史追跡法，性別分析法などを通して学術談話の中でいわゆる「科学性」「中立性」「客観性」「普遍性」の偏りを示し，文化比較法を通して忘れられたり周辺化された文化思想を表し，文化対話・交流や討論を通して統一的国際文化学術談話の基本準則と方略をひとまとまり立て，国際主流派の学術を把握するもとで，第三世界及び中国少数民族の言語・談話・コミュニケーションについての学術思想を特別に注目して勉強して文化の総合的革新を遂げる。

　⑵　伝統的中国学術の概念・理論・方法を発見・解釈・表現しなおす。本書では中国文化と学術の資源を述べることに重点を置いた。そして，中国文化の特有の知恵，言語認識，語用的要求と理想を見た。これは我らのパラダイム革新にとってよい基礎である。ただし，伝統文化を学術か時代の要求と，主流の学術談話と結び付けてこそ，新パラダイムは生命力を持つ。だから，我々が選択的に発掘するのは文化特質を持つと同時に現代中国談話の研究に利して，しかも主流の学術談話と繋がれる概念・理論と方法である。歴史伝統の学術思想に現代の新解釈を与え，主流の団体に理解してもらえる表現形式を与えて，それを新パラダイムの談話に溶け込ませる。

⑶　グローバルな新視点から，中国談話の歴史と現状を認識し，解釈しな
おす。現代中国談話と歴史・国際文化とは不可分である。特にグローバル化
の加速している時代において，必ずこのようにより広大な視点から理論上で
中国談話の性質と地位を再考する。たとえば，我々は文化比較法を通して，
中国人の話の伝統・習慣・準則・方略を受け入れ，中国文化の歴史・心理・
哲学（倫理）・宗教信仰などと現代談話との関係を明らかにし，中国談話と
他の東洋談話と西洋談話との相互関係，並びに各自の社会的地位を示す。

⑷　現代中国において自ら関心を持って，重大な国内・国際的意義のある
談話現象と問題に注目する。現代中国言語の言語学・談話学・修辞学・コミ
ュニケーション学などに注目する。同時に，専門家たち，学者たち，学生た
ちは中国人の言語生活にも関心を寄せるべきである。いわば，彼らは如何に
言語に困ったか，いかに言語で自分の生活を改善して，如何に中国文化と民
族が国際社会で平等で公正な地位の享有を促進するかに関心を寄せるべきで
ある。たとえば，中国文化と中国民族の自覚，自省，調和，発展，進歩とい
ったことを改善するために，我々は中国と国際の重大な現実問題を反映する
談話現象と問題を発掘することができる。そして，再考してから新談話の形
式と内容を出す。強権文化の敵意と偏見を解消して，世界の異なる文化と中
国民族との平等な往来を促進するために，我々は歴史文化の角度から覇権談
話の無理／無礼を暴く。同様に，文化歴史の高度からより全面的により確実
に中国文化談話を解釈してみてもよいのである。

第4章　理論，方法及び問題フレーム

　第2章で指摘したように，欧米の「談話分析／ディスコース・アナリシス」は社会科学分野の新学科で，急速に発展し，顕著な成果を上げている。その上，中国の言語文化研究の伝統に無い独自の視点を持っている。それゆえ，中国で談話研究を行う必要がある（陳汝東 2009; 施旭 2008a,b）。しかし，現在の学術界の状況では，談話研究の分野はほぼ西洋（英米）の独壇場になっている。このような状況は東洋／発展途上国の学術発展を妨げるのみでなく，人類の学術が文化的な対話を通じて，根本的な革新を実現する機会と可能性をも奪ってしまうことになってる。それと同時に，学術談話は西洋覇権の力に支えられ，その特殊な価値観及び視角を通じて，旧植民地主義の「東洋談話」を作り，固め続けている。一方，東洋の学者は意識的あるいは無意識の内に西洋覇権談話に巻き込まれてしまい，東洋文化の主体性を体現し東洋文化の声をあげることができなくなっている。学者と学生は日々の科学研究と学業を全うするため，その舶来品の思想を使用して，自国文化に対して，西洋学術界の喜ぶ記述，分析，判断を行う。更に，自己文化の現実問題に目を向けず，西洋の論理で西洋の状況を研究する学者がいる（施旭 2008a,b）。

　このような学術文化の苦境に対し，本章では現代中国談話を研究するための理論，方法及び問題意識を系統立てて提示してみたい。このシステムは中国文化談話研究の基本的枠組みになる可能性がある。中国談話は中華談話の主流であるから，このフレームの構築は一層広大な中国文化談話研究の基本的な枠組みを作ることに役立つ可能性が考えられる。

　中国談話研究の基本的枠組みを再構築することは，本研究分野及び人類文化に一連のメリットをもたらす。まず，新しい基本枠組みは中国学者の主張と研究スタンスを見つめ直す一助となるだろう。私達は自らの文化の視角から，一層正確に，全面的に中国談話を見つめることができる。またそればか

りでなく，国際的な学術の場で活力と主体性のある一員になれる。また，自己の視角，理論及び方法によって，今の学術フレームを整備し，真の学術革新を促すことができる。最後に，現地と世界を結ぶ多元化の立場から，平等な学術対話，評価及び協力をする際，私達の談話研究は必ず人類の相互理解と共同発展を促進していくだろう。

　では，文化比較，歴史比較及び文化政治研究の方法を通じ，現代中国談話を研究する理論，方法及び問題意識について初歩的な枠組みを提出する。最後に，この枠組みを更なる完全なものにするための，行動戦略を提案する。

新枠組みを構築する目的及び基本要求

　ここで中国談話研究の基本的枠組みを構築しようとする目的を説明したい。なぜなら目的を明らかにすることで，その構築に更なる明確な方向性を持たせられるだけではなく，基本形式の構造に対する不要な誤解が避けられる。同時に，これらの要求はこのシステムを評価する基準となる。

・現代中国談話（構造，内容，形式，ストラテジー，効果など）をより深く認識し，評価する。特にその文化的特徴及び国際談話システムにおける地位と役割を把握する。

・中国の各業界の談話実践を指導し，効力を高め，問題を解決し，理想を実現することを目指す。

・国際学術界に対して，広く正確に中国の談話を認識させ，中国に対する先入観や差別を解消させる。

・異文化談話実践を指導し，中国と国際社会との対話や交流を促進し，調和共存及び共同繁栄を実現する。

　第2章が提出する西洋学術談話問題から見ると，現代中国談話研究の基本枠組みの構築は以下の三つの基本要求に従うべきである。

・現地に根差す――中国文化及び中国学術の優れた資源を利用し，中国の実情や需要を結び付け，中国としての主体意識を有する談話分析，評価シス

テムを作る。

・世界に目を向ける——㋐グローバル，国際標準にのっとり，水準の高い談話研究システムを構築する。㋑全人類の談話問題に注目し，ヒューマニズムに根差した研究システムを構築する。

・国際対話——国際対話を目標とする学術談話（たとえば「求同存異」の言語を利用する）を作ることに力を尽くす。これは中国の学術と他世界の学術・伝統との間で対話や批判を行いやすくなるためである。

談話分析の中国的枠組みの特徴

上記の原則及び目標により，本章が提出する談話研究の中国的基本形式は以下の特徴を示す。

(a)　「天人合一」の本体論を基本的な世界観とする。

(b)　「弁証法的統一」の知識論を基本的な思考方法とする。

(c)　「言不尽意〔気持ちの全てを言い尽くせない〕」によって表される中国文化の言語生成法則及び理解法則，「貴和尚中〔和を以て尊しと為す及び中庸，保守である〕」によって表される言語交流の道徳，を中国の論理の中心とする。

(d)　理性，経験，体験，観察，談話，ライフサイクルなどの理解ストラテジーを研究方法の基本原則とする。

(e)　現地価値（たとえば「社会経済発展」）及び世界価値（たとえば自然保護，文化保護）を研究方法の基本評価基準とする。

(f)　人類が共通して関心を寄せる物，現象（たとえば発展，環境，社会正義，民族自治，文化平等）を研究対象とする。

当然，東西の談話には共通点がある。従って，談話研究の枠組みに共通点がある。現在，中国の基本枠組みを構築することはこれらの共通点を黙殺することではなく，西洋の主流談話が文化覇権を握り，東洋学術（の発展）を押さえつける状況下にあって，自国の学術システムを構築しようとすること

である。これはある面で，実際の研究に合致しやすく，同時に国際学術の多元対話を促していく。従って，下記の論述では，文化比較及び対話はただ一つの方法にすぎない。その目的は中国談話及び研究の基本形式の特異性を表す或いは強調することである。

　中国の基本枠組みを構築するには優れた資源があったが，系統的な理論，方法，問題意識が中国にはない。それゆえ，下記の命題はただ差し当たっての，原則的な，検討すべきものに過ぎない。その一部分は，現在の学界の欠点，またある特定の文脈に関わり，ここでは完全無欠を求めても意味はない。その他，指摘すべきなのは，これらの命題は談話研究の実践との繋がりが多様であり，近いこともあり，遠いこともあることである。これらの命題は今後，どのような文脈に合わせるのか，また具体化し続ける必要がある。同時に，注意すべきなのは談話の動きは常に変わっていることである。従って，理論，方法及び研究テーマに関する討論は持続的に発展している。要するに，今後，大量な修正，補充，細分化する仕事を通じ，研究体系を完備していく必要がある。

現代中国談話分析の理論フレーム

　新世紀に入ってから，中国の台頭は世界から注目された。しかし，中国学，漢学，国学及び言語を研究する中国学者で，現在の中国では誰が何を話している（話していない）のか，如何に話すのか，なぜこのように（そのようではなく）話すのか，時空と文化はどのような関係があるのか，どのような結果があるのかなどの問題に目を向ける者は少ない。文化の談話はこの文化の核心，魂及び主体である。従って，現代中国談話理論を構築することは，現代中国談話を有効に研究（認識，反省，指導）させることができるだけではなく，世界に中国談話をよりよく理解させ，認めさせ，受け入れさせることである。

　（1）現代中国談話は歴史の流れに沿って変化，発展している。構造主義及び二元対立を基礎とする西洋談話分析は，往々にして談話を静止・孤立的現象として扱う——歴史を分断し，文化を排除する，過程を顧みず，視野の狭

い「客観的」文字（報道一篇，いくつかのセンテンス或いは一つの言葉）。これは談話分析の一般的なやり方である。更に重大なのは，西洋学者がいつも西洋中心主義から出発し，陳腐な，先入観を持った視角から中国の現実を観察することである。

　しかし，本章が提出する第一の理論命題は，現代中国談話も，歴史上の中国談話のように変化，発展しているというものだ。宇宙の変化はそれの根源的な性質である。これは中国人の世界観の一つの中心をなす。Chen（1987）は，中国文化では宇宙の唯一の永遠不変の現象は変化であり，変化は陰陽が互いに影響し合って形成されると指摘した。それゆえ，談話も例外なくそのようなものである（Chen 2001）。こうした立場から，筆者は互いに関係がありながら，より具体的な，説明可能な命題を二つ挙げた。

　ⓐ現代中国談話は伝統に対する反省を通じて変化，発展している。中国五千年の文明と歴史は現代談話を伝承，伝統から発展させる必然性をはっきりと示している。現代談話は，時代の発展に伴って，発展している。歴史を伝承するだけではなく，歴史を検討し，新しい内容や形式を創り出す。たとえば，伝統的な中国談話と違い，現代中国談話，特に改革開放から三十年後の中国談話の研究テーマの選択，言説の理解方式，話し手と聞き手の社会関係などには既に変化が起こった。しかし，これと伝統談話とを分けて考えることはできない。たとえば，現在中国政治談話のキーワードである「調和」。これはまさに中国談話が伝統を革新的に伝承する例証である。伝統的な「調和」は儒教の身分意識の上で成立するものである。しかし，現在の「調和」は平等へ導くものである。一方では，現在中国談話の「改革開放」で新たな問題として出てきたのは，文革時期における談話が極左の思想，鎖国思想に溢れたからである。

　ⓑ現代中国談話は内部文化の運動及び外部文化のインタラクションを通して発展している。歴史や伝統と縦のインタラクションをすると同時に，また他の国際社会文化と横の交流や衝突をしている。世界を受け入れ，自己を再構築する。1840年イギリス帝国主義が砲火で中国の門戸を開けた後，西洋文化もそれに伴って中国に流入した。特に，改革開放以降，中国の談話は鎖

国の文脈から西洋文化に見習う新たな文脈に移行した。しかし，新世紀に入ってから国際化，グローバル化の勢いが急速に拡大，深化していることにより，現代中国談話は現地化及び国際化という二つの傾向（glocalization）が顕在化している。たとえば，改革開放の初期では，「人権」に関する言葉は敏感な政治文脈に限定されるが，現在，多くの協会，シンポジウム，ウェブサイトなどの公共の場で主題になるだけではなく，党の規約及び憲法にも明記されている。中国の「人権談話」の形成と発展は，西洋による長い間に渡る中国「人権」に関する覇権系談話から離れられないと言える。ここでもう一つのことを強調する——伝統文化とインタラクティブする際，現代中国談話は主体意識の能動性及び創造性がある。これもその変化発展が起こる要因である。

　これによって，現代中国の談話研究者は現代中国談話の具体的な変化を掘り出し，変化の性質や過程を観察すべきである。特に変化を起こす歴史の源，文化の源を遡り，互いの関係及び変化過程を明らかにすべきである。西洋の伝統観念を持つ学者はいつも古い観点で中国を見る。その結果，中国（談話）の変化を無視したり，全ての変化を表面的なもの或いは偽りのものだと考えるのである。かえって，中国のこの動いている理論観点は，その学者達の先入観を解消できる。彼らを導き，中国談話の動き及び歴史や文化がその中で発揮した作用に絶え間なく注目させる。

　(2)　現代中国の談話は言語の生成と理解に「言は意を尽くさず」を基本的なルールとする。言語と意味，あるいは言語と世界の関係において，西洋は「言語は社会的意味の伝達手段であり，間接的に社会的現実を反映する」というのが通説になっている。これは西洋の二元対立の伝統思想を継承しており，言語と世界をはっきり二分して，言語と意思の間の機械的な関係だけに注目し，あるいは言語と世界の間の機械的な関係（因果関係，再現関係）を探るのである。西洋の談話分析が，おしなべて言語形式や言語と世界の間の機械的な関係だけに目を向けるのは，以上の理由による。

　中国の古典によると，言語と意味の関係は対称的ではなく，意味は言語によって機械的に伝達や理解することはできない。『老子』には「道の道とす

べきは，常の道に非ず。名の名とすべきは，常の名に非ず」と説いた。荘子が「言は意にある所以なり，意を得て言を忘る」といった（『荘子・雑篇・外物』より）。『易経・繋辞上』に「書は言を尽くさず，言は意を尽くさず」と説く。今日でも我々は日常生活の中で，常々中国語で「言葉は尽きても意味は尽きない」，「弦外の音（言外の意味）」，「此の時声なきは声有るに勝る」，「沈黙は金なり」などの表現をよく使っている。どれも言語には限界があり，意味に直接到達できないことを言う。だが，我々は言語に頼らざるをえず，こうした言語と意味との関係に対する認識に基づいて，中国人は間接的な意思疎通の手段を数多く創造した。たとえば，「遠回しに言う」，「象を立てて意を尽くす（八卦の象を立てて，言葉で尽くしえない深意を尽くす）」（出典：『易経・繋辞上』），「経に依りて意を立つ（経書に依拠しつつ書く）」（出典：『文心彫龍・辨騒』），「少を以って多を総べる（少ない言葉で多様な現象を統括する）」（出典：『文心彫龍・物色』），「実から虚が生じ，虚から実が生じる」，「象を尋ねて意を求む（八卦の象を探究してその意味を求める）」（出典：王弼『周易略例・明象』），「意に逆らい志を立つ」など。従って，実際の談話の中で，中国人はつねに抽象・直観的な，もしくは含蓄のある表現方法を用いる。たとえば，熟語や故事でいうなら，読書の時突き詰めて理解しようとしないことを「棗を丸のみにする」と言い，問題の解決能力が足りない場合「水一杯に対して車一台の薪」と言い，試験に落第すると「成績は最下位の孫山よりも下」と言う。2003年に，温家宝氏は総理就任の記者会見の時，中央電視台（テレビ局）の記者に「新任政府の任務についての見方」を問われた際，『春秋左氏伝』と『孟子』からの古人の教えを引用して回答した。

　　中央電視台（テレビ局）の記者：……過去五年間，中国は世界中が注目する成功を収め，今期政府の仕事にはより高い期待がかけられています。今期政府が直面している主な困難と挑戦は何だと思われますか。
　　温家宝：……我々の現在のあらゆる仕事は，前任者の土台のもとで始めたものです。前任者が素晴らしい土台を準備してくれましたが，我々は目の前にはなお困難と問題が山積しており，さらに創造的な仕事を続けていく必要があります。「憂患に生き，安楽に死ぬ」（『孟子・告子下』）や「安きに居りて

　危うきを思い，備え有れば患い無し」（『春秋左氏伝・襄公十一年』）はわたしがいつも肝に銘じている古人の教えです。

　広告代理店もよく故事を利用して含蓄のある形で製品の特長を解説する。たとえば，「一夫関に当たれば，万夫も開く莫し」（防犯扉の宣伝。李白「剣閣峥嶸として崔嵬たり，一夫関に当たれば，万夫も開く莫し」による），「千古の佳醸，万代に香を留む，中国の酒宗，汝陽の杜康」（杜康酒の宣伝。曹操『短歌行』「慨して当に以て慷すべし，幽思忘れ難し，何を以てか憂ひを解かん，唯杜康あるのみ」による）。勿論，中国人は言葉が簡潔に過ぎて複数の意味を帯びたり，さらには沈黙を保つことで，多義になることもよくある。

　著名な経済学者である茅于軾はある時メディアにインタビューされ，「安価な賃貸住宅にはトイレがついておらず，共同トイレのはずだ。金持ちはそんな住宅は好まない」。一粒の石ころが幾千の波紋を呼んで，ネット上にさまざまな反応と解説があふれた。その後，彼も自分でその真意を説明した云々。このように話し手と聞き手の交流から生まれた意思の不定性と発展性の例は，言葉と意味の非対称性をより力強く裏付ける。

　中国の言語―意思の非対称理論は，人々を奥深く深遠な言語表現の探求へと誘う。さらには我々が型にはまった，機械的な，孤立した，一面的な，凝り固まった理解や評論の方法を超越して，我々をより広範でより重層的な談話の含意へと絶え間なく導く。我々の研究を一層人生の日常と現実に近づけることができる。そこで，我々は中国文化中に見られる独特のイメージや，類似するカテゴリーや概念，及びこれらのイメージ・カテゴリー・概念が用いられる規則について理解していなければならない。またそれを基礎とした上で，これを研究者の選定した理想や原則と結合させ，イメージや直感による談話に分析や批評を加えるべきだ。その他，体験・想像および言語と人生の対話などという手段で談話の意義を解析する必要がある。

　⑶　現代の中国談話は「均衡と調和」を最高の道徳基準とすること。西洋文化（の言語観）は理性と個性を談話の最高原則にして，それは普遍的に西洋言語・伝播・談話の理論の中に反映している。しかし，中国の伝統文化は

礼と仁を最高原則としてきた。儒教の伝統は「和を貴しとなし」（『論語・学而』），また「中庸(1)」を説く。「和」や「調和」は音楽に起源を持つ。異なる音声の組み合わせから，統一的な妙なる音楽が形作られることを指す。「中庸」とは，一方に偏らない，ほどよい位置を指す。現代を生きる我々の「和を貴び中を尚ぶ」や「均衡と調和」は，伝統文化が崇拝してきた「和」と「中庸」に起源を持つものだ。勿論，過去の中国の調和は，権力を維持するための不平等によって実現されてきたものだ。現代中国の調和への希求は，社会主義の必要性に対する認識や，中国近代の屈辱的歴史の記憶から来るものだと言える。しかも，「調和」と英語語彙の「harmony」の表す概念は同じではなく，後者が強調するのは，一致・統一の基礎の上で良好な社会関係や状態を築くことである。対して中国の「和／調和」は「多様な調和」，「和して同ぜず」を強調するのである。そのほか，当代中国談話の「中」は「上達を求めない」という伝統的な意味を帯びず，社会関係の平和を強調するのである（施旭　2006；Chen 2001）。

　これが言語の使用に反映されると，その原則は社会や人間関係の均衡・調和の追求として表出される。強調すべきは，西洋の個性を重視し真理を追究する談話原則に比べれば，その原則は特に他人や社会規範に気くばりする点に反映される。よって，それは重厚な社会性・利他性・道徳性として表出される。

　鄧小平の提出した「一国両制」という方針は，中国人が「和」と「中庸」を活用した成功例だと言える。現代の中国政治談話中のキーワードとしての「調和」，「調和社会」（及びマイノリティの保護など）もその談話原則の表現である。国際関係において，外交談話の中で「調和世界」「反覇権」「多元を求める」という談話はその原則の体現でもある。中国の国連駐在代表は，北朝鮮の核実験に対する安保理の非難決議に賛成票を投じた一方，「和して同せ

---

(1)　『中庸』は「四書」の一つである。鄭玄は「『中庸』とは，それを以て〈中和〉の実践を記すものである。庸，用である。著者は孔子の孫である子思とされ，以て聖なる祖先の徳を明らかにするのである」と註した。

ず」と武力行使に反対する態度を表した。それは，北朝鮮は原子力を平和裏に利用できる権利を持つべきで，どんな状況下にあっても，武力や威嚇に使用すべきではない，ということだった。

北朝鮮の貨物検査に対して，中国は武力行使はしないと表明

　総合新華社の電信，現地時間 12 日，中国国連駐在代表張業遂は「安保理が北朝鮮核問題に対して妥当かつバランスの取れた対策を講じたことを支持する」と言った。安保理決議草案の投票が終わった後，張はまた補足説明を行った。「北朝鮮が再び核実験を行ったのは，安保理の関連決議に違反し，国際核不拡散体制の有効性を毀損し，地域の平和と安全に影響を与えた。安保理が北朝鮮の核実験に対して妥当かつバランスのとれた対策を講じたことを支持する」と言った。張は「安保理の決議は国際社会が北朝鮮の核試験に断固反対するという立場を表明し，また北朝鮮に向けて直接・積極的にメッセージを送った。安保理は対話などの手段によって平和裏に北朝鮮の核問題を解決しようとする立場と決心を示した。その故，中国代表団は決議素案に賛成票を投じた」と言った。また彼は特に強調して「北朝鮮の主権・領土の保全，及び合理的な安全への配慮，発展利益は尊重されるべきだ。北朝鮮は『核兵器不拡散条約』へと回帰し，締約国として平和に原子力を利用する権利を享受すべきだ。安保理の行動は北朝鮮の民生と発展に影響を与えるべきではなく，北朝鮮に対する人道支援にも影響を与えるべきではない。決議が表明した通り，北朝鮮が決議に関連する規定を遵守すれば，安保理は北朝鮮に対する制裁を一時停止したり取り消す審議に入る」と述べた。張は「貨物への検査の問題は複雑かつ微妙で，各方面はなるべく矛盾を激化させる言動は避けるべきだ。どんな状況下でも，武力行使や武力による威嚇はすべきでない」と表明した。13 日，中国外交部のスポークスマン秦剛は談話を発表し，「安保理の先ほどの決議は，北朝鮮に積極的なメッセージを送った。各方面が対話によって北朝鮮核問題を平和裏に解決できるだけの間合いを残した」と言った。（2009 年 6 月 14 日　02：20　『新京報』http://www.sina.com.cn）

　その他，他人に対する謙虚や尊重を示す談話スタイルも，この原則の具体的な体現である。「すてき」，「ダンスが上手い」，「歌が上手い」，「字がきれい」，「仕事が上手い」のように人に褒められた場合，褒められた人は謙虚に，「とんでもない」「まだまだです」「それほどでもありません」といった返事をする。

　　中新社の報道によると，中国国家主席胡錦濤は 4 日午後，全国政協（政治
協商会議）第 11 期第 2 回会議の民進と民盟界の委員を訪ねた。民盟委員であ
る，清華大学自動車工程系主任の欧陽明高は「新エネルギー自動車戦略のチ
ャンスを摑み，中国交通エネルギー源の転換と自動車産業の振興を促進する」
という発言をした。胡は「私はその方面には不案内だから，妥当でない部分
があれば，皆の叱正を願う」と率直に言った。その後，彼は少し前にカナダ
で新エネルギー自動車を視察した時の様子について話し始め，中国の具体な
情況と結び付けて，新エネルギー自動車の発展について述べた。話し終ると，
胡はわざわざ欧陽明高に「我々は同窓だ。いまの話で必ずしも当たらない部
分があったのなら，ご指摘願いたい」と言った。（東方網 2009 年 3 月 5 日
http://news.xinhuanet.com/coments/2009-03/05/content_10947274.htm）

　　西洋の自尊，自己中心的な談話が大流行している今日において，このよう
に重厚な中国文化の品性を強く感じさせる談話原則は，中国国内・世界を問
わずより注目を惹くべきだ。中国の均衡と調和の理論から出発して，我々は
談話の実践が多様な調和を維持できるのかを判断したり，談話がいかに多様
な調和という価値観を維持できるのかを注視したりできる。このようにして
こそ，中国の談話をより的確に理解し，批判し，研鑽することができ，また
国際間の談話を一層よく見極めたりリードできる。

　⑷　現代中国談話は弁証法的統一の思考方式に富む。西洋文化の二元対立
の言説方式と異なり，中国人は往々にして物事に白黒をつけ，ものの善し悪
しをはっきりさせたりすることを好まない。簡略化や断定的な表現を避ける
（汪風炎，鄭紅 2005）。言語行為を生成したり受けたりする時，よく物事の両
面性・関連性・複雑性に注意を払う。そのため，中国人はよく「こっちの中
にそっちがあり，そっちの中にこっちがある」「塞翁が馬」「不変を以て万変
に応ず」「天下には終わらない宴はない」などと述べる。これらの弁証法的
統一の思考方式は，中国語の文脈にいくらかの問題（たとえば，意味の混淆）
をもたらすかもしれないが，どちらかに偏らず，ほどよい言説方式と言える
のであろう。ほかのレベルから言えば，それはやはり中庸の道の言説実践の
具体表現である。たとえば，中国人は災難・危険・困難の中に，幸運・チャ

ンス・光明を見出す。

　　2008 年 5 月 23 日，温家宝は四川長虹集団訓練育成センターの庭の中に仮
設された北川中学臨時学校を訪れた。感情を籠めて学生に「みなさんは輝か
しい未来へと，気丈に上を向いて，背筋をまっすぐに伸ばしてくじけず，情
熱を燃やして，前へ，輝かしい未来へと前進してください」と言った。その
後，温総理は高校三年一組の教室に入り，黒板に「多難が国を強くする」と
書いた。(2008 年 5 月 24 日『人民日報』より)

　　秦剛は「ラサ事件は過ぎ去った。我々の国はもっと良くなるだろう。チベ
ットはもっとよくなるだろう。でも，ラサ事件は中国の多くの民衆にひとつ
の遺産を残した。それは一枚の鏡のように，国際的なある人の真面目を映し
出した。それは教材にもなるし，反面教師にもなり，中国民衆を教育するだ
ろう，ある西洋のメディアが標榜する所謂公正と客観は一体何であるのかを。
ラサ事件は悪い出来事で，不幸なことである。しかし，それを良いことに変
えられるということがあるとしたら，ラサ事件はその中のひとつだ」と言っ
た。(中国新聞網　2008-03-28　外交部：CNN サイト系民衆が「悪徳」報道を
自発非難することに反駁)

　　この間 29 日に行われた 2008 年度中国中部革新経済企業融資のハイレベル
フォーラムで，中国ベンチャーキャピタル研究院院長・陳工孟は「金融は諸
刃の剣である。今回の金融の嵐は危険ではあるけれども，もし今回の金融危
機のバブルが続いていたら，中国に対する破壊力は相当大きくなっていただ
ろう。しかし機会もある。彼の考えでは，今回の金融危機は中国証券市場の
調整にとって，積極的な影響を及ぼすかもしれない。また，今回の金融の乱
気流を通して，ウォール街から一部の優秀な華僑を中国へ引き込み創業させ
ることができる。」(金融の嵐はチャンス　中国はウォール街から人材を吸収)

　このように，中国の弁証法的統一の談話理論から，中国人が複雑な事務関
係を処理したり，困難を乗り越えたり，変化に対応したりする際に用いる特
別な知恵と言説方式を発見できる。我々がとりわけ関心を向けるべきなのは，
困難・危機や複雑な情況下にあって，人々の談話がこの言説方式に従うかど
うか，またいかにして弁証法的統一によって話すかだ。

　⑸　当代中国談話は権威を崇める。西洋の自己を崇め，真理を崇める文化
談話の伝統とは違って，儒教の等級観念の深刻な影響を受けており，談話の
生成するときであろうと，理解するときであろうと，中国人はよく権威（経

書を含める）を評価の標準とする（汪風炎，鄭紅 2005）。中国では古来「名正
しからざれば言順わず」（『論語・子路』）「地位の低い者の言論は軽んじられ
る」という教えがある。その伝統も同じく今まで続いてくる。物事の真実
性・正確性・合理性・公正性を説明するため，人々は常に権威ある人物（の
言葉）を真理や道徳の化身とみなす。従って，我々は医者・教授・俳優・専
門家を頼って物事の真実性・信頼性・価値を証明する。2008 年 5 月 12 日
午後 2 時，汶川大震災の時なぜ学校でこんなにも多くの学生が死んだのかま
で専門家に訊ね，新型肺炎は鼠と関係あるかどうかに専門家が「かもしれな
い」といってもニュースとなった。

　　汶川大震災の捜索・救援活動は寸刻を争って行われており，全国の人々の
目は被災地にくぎ付けになっている。地震の発生時間が学校の授業時間と重
なったことで，震災によって死傷した教師・学生の数は多数に上った。人々
は悲しみの直中にあって「校舎は地震になぜこんなに弱いのか」という疑問
を抱いた。そのため，記者は免震技術の専門家，中国科学院の周錫元を訪ね，
この問題について訊ねた。（免震技術の専門家が疑問に答える：汶川震災で校舎
はなぜ倒壊したのか　http://www.ce.cn/cysc/fdc/jn/gh/200805/16/t20080516_
15497797.shtml）
　　専門家は「唐山大震災に比べれば，汶川大震災の死亡人数は比較的少ない。
主に唐山大震災は夜に起こって大部分の人が寝ていたが，汶川大震災は昼間
に起こったからだ。また，唐山大震災は主に都市地帯で起こったが，汶川大
震災は主に山間地帯あるいは農村の人口密度が大きくないところで起こった
から」と分析した。（中新網 2008 年 05 月 18 日　専門家はなぜ汶川震災の破
壊性が唐山震災より強いかを詳しく解答　http://news,xinhuanet.com/politices/
2008-05/18/content_8197178.htm）
　　昨日，世界衛生組織中国駐在官員を含む幾人かの新型肺炎権威専門家が早
報にインタビューされたとき，「目下，広州の新型肺炎の疑いがある患者が感
染したウイルスは，ネズミが感染源だとまだ肯定できないが，その可能性も
排除できない」という見解を出した……中国軍事科学院のある匿名の専門家
は「ネズミの問題は，可能性があると思う」と言った。軍事科学院のもうひ
とりの新型肺炎研究専門家・曹務春は「目下，人と動物の間で感染が連鎖する
可能性は否定されない」と表明したが，「第三者媒介，たとえば蝿とかノミと
か，が存在するかどうかは，まだ根拠が不足している」といった。専門家た
ちは「今までまだ広州の疑いある病例及びその伝染源に判断が出せない」と

表明した。……復旦大学公共衛生学院院長姜慶五は「ウイルスは他の動物からのものを証明できる的確な証拠がまだなく，ネズミの可能性を証明できる直接の証拠もなく，同じく広州新型肺炎の疑いのある患者のウイルスがネズミからだと断定できない」と思って，「今のすべてはただ科学者の推測にすぎない」と言った。中山大学公共衛生学院教授陸家海も類似の見方を表明した。（東方早報2004年01月05日 http://www.moh.gov.cn/sofpro/cms/previewjspfile/mohjbyfkzj/cms_0000000000000000171_tpl.jsp?requestCode=29014&CategoryID=6482）

たとえ以下の文章のように専門家の権威を疑うにしても，間接的に専門家の権威が現代中国談話に及ぼす作用を説明できる。

　　　やはり同様に「権威的専門家」が飛び出して国内精製油の値上がりのため弁解をした……こちらは最近値上がりしていて，国際的には原油価格が大幅に下がったからかもしれないが，石油業界の重鎮たちは多少顔が立たないだろう。先日，国内油価の値上がりが早すぎて，幅が大きすぎるといった世論に対して，中石化（中国石油化工集団公司）のある「権威人物」は中米両国の精製油価を対比して，国内の油価が今アメリカより低いということを「有力に証明した」。それは一種の進歩といえるだろう。考えてもみて欲しい。本来なら，そっちは油価を上げればすむことで，余計な話なんかをする必要が全くない。今の社会には誰にも止められないことがたぶん二つある。一つはインフレーション，一つはガソリンの値上がりだ。技術があるなら，ガソリンを使わず生活してみると良い。今，ほら，そっちの「権威人物」ですら出て，あなたに事実を並べて理を説いていた。満足すべきだ。（中広網　2009―07―13　http://www.cnr.cn/auto/qspl/200907/t20090713_505396469.html）

では，我々が特に注意して分析すべきなのは，談話の過程中誰が権威を表すのか，どの領域の権威であるのか，何の機構と誰の利益を代表するのか，その権威がどうやって談話中で使用されるのか，ほかの道理を説く根拠との関係がどうかといったことだ。我々が談話過程中における権威の具体的な使用状況を意識化するのを助けるだけではなく，権威と権勢との談話中における関係を掲示できる。

　⑹　現代中国談話は愛国主義を崇める。西洋社会では「愛国」と「愛国主

義」をよく「ウルトラ・ナショナリズム」・「民族主義」・「反西洋」の同義語
と見なす。しかし，もし中国の愛国主義談話をそれと見なすなら，別に下心
があるのでなければ，中国歴史に無知であるからだ。中国を源とする炎黄崇
拝から，初めの愛国詩人である屈原の『離騒』に至って，また近代の「五四
運動」まで，深い愛国主義の感情がいつでも充満している。しかも中国近代
集団の歴史記憶は更に深刻な談話効力を持つ。イギリスの帝国主義は 1840
年強引に中国の「玄関を破って開いた」後，中国人民は一世紀に渡る凌辱を
こうむってきた。1949 年中華人民共和国が成立して，中国人民はついに改
めて国家の主役となった。しかし今の世界はまだ不平等で，超大国アメリカ
をはじめとする西洋世界は依然として強権政治を行っている。従って，中国
が他の発展途上国と同じく，祖国を熱愛し，国家の主権を守ることをいつも
当代談話の重要な主題の一つとして，物事を解析する標準としている（施旭
2006）。具体的表現は，愛国主義が今日の社会公共領域では高頻度の話題で
あり，肯定的に称揚される品性であり，物事を分析する尺度である。特に青
年を教導するとき，中国近代史を討論するとき，国家が災難に臨む時，中国
が他国にゆえなくして誹謗したりいじめたり主権に挑戦したりされる時であ
る。

　　……胡錦濤は広範な青年学生に幾つかの希望を提出した時，まず愛国主義
　を強調した。彼は「学生の皆さんが愛国主義をいつも高揚する旗幟とするこ
　とを希望する。愛国主義は民族精神の中心たる象徴で，五四精神の核心内容
　でもある。愛国主義という強大な精神支柱を持つから，我々中国民族は苦難
　を経て，生き生きとして止まない。青年学生はもともと，栄光の愛国伝統を
　持って，愛国報国を己の任務とする。それはとても貴重で，発揚させていく
　べきだ。当代中国では，愛国主義の最も鮮明な主題は中国特色社会主義を継
　続的に発展して，改革開放中社会主義現代化を加速させ，小康社会を全面的
　に建設して，中国民族の偉大なる復興の壮大な青写真を美しく現実とするこ
　とである。」（新華網　2009 年 05 月 02 日　指導者は愛国主義が五四精神の核
　心内容であることを強調　http://news.xinhuanet.com/newscenter/2009-05/02/
　content_11301313.htm）
　　中国民族は血脈の相通じる共同体であり，温暖な大家族である。この大家

族において，漢民族は少数民族から離れられず，少数民族も漢民族から離れられない，各民族は互いに離れられないのである。我が国の各民族は統一の多民族国家を共に作り，広い領土をともに開拓して，燦爛なる中国文化をともにして，各民族の大結束には厚く深い歴史由来と幅広い現実基礎がある。悠久の歴史の過程の中，我が国各族人民は密接に交流したり依存しあったり苦楽を共にし，中国民族多元一体の局面を形成し，血脈の絆と兄弟の情誼を結び，祖国統一と民族結束を共に守って，国家発展と社会進歩をともに推進する。(人民網——『人民日報』2009 年 7 月 8 日 http://news.sina.com.cn/pl/2009-07-08/080018177282.shtml)

　当代中国談話を研究する時，我々は愛国主義の言説内容か形式と，中国の歴史か国際覇権主義との関係を掲示することに注意し，愛国主義の言説方式の具体的な言語環境（たとえば何の状況で愛国主義談話が出るのか）を明らかにして，当代中国の愛国主義談話の歴史的性質と反文化覇権の性質を顕著にさせる。

　(7)　現代中国談話は審美を重んじる。西洋談話のロジック・理性・真実を重んじる要求と異なり，中国談話は古来言語の美しさと境地の美しさ（銭冠連　1993）を重んじている。以上で話した言語使用の道徳要求（均衡と調和）は言語と言語環境による審美効果（たとえばユーモア，適切）に触れたが，中国文化は言語形式（たとえばリズム，音韻，修辞，構成）と境地（たとえば，言（語）（形）象関係，（感）情景（色）関係，言（語）意（思）関係）にはさらに特殊な要求がある。「言の文無きは，行われて遠からず」（『春秋左氏伝』）。そこでは，詩歌はリズム・音韻・声情によって音楽の美しさを作って，対句の整然・変化の雑然によって形式の美しさを作る。文章は「言葉は尽きても意味は尽きない」という原則のうえで，含蓄やユーモアなどの境地をたどることに凝っていて，言語と境地の審美効果を形成し，同時にその談話審美は話し手と受け手の間に，意味のある統一感の形成を要求する。李白・杜甫・魯迅・銭鐘書・朱自清といった人は皆，談話芸術審美を実践していた手本である。しかも当代中国各式の談話もそれらの美学原則を継いでいる。

　胡錦濤主席，温家宝総理は国家政治と政府の最高の指導者として，詩歌・熟語・故事をよく引用している。それらの文字は殆ど対句が整然としていて，

音節が均整を取り，声調に平仄が交互になり，言語のリズムと音声の美しさを強める。しかも一字でも敏感な政治場面において，それらの含蓄に立場を表し情報を伝えることに最も適している。2003 年 12 月，温家宝総理は初めてアメリカを訪問した。中米貿易摩擦の問題に言及した時，彼は杜甫の名句「會ず當に絶頂を凌ぎて，一覧して衆山を小とすべし」を引用して，我々が中米貿易問題を扱う時，同じくそのような見通しのきく戦略眼を持つべきことを比喩し示した。または中国中央電視台（テレビ局）2008 年春節聯歓晩会（中国版紅白歌合戦）での四人の司会者の開場のあいさつのように。

> 朱軍：春へ飛ぼう，春潮は澎湃として天地は新しい。
> 董卿：春へ飛ぼう，春風は浩々として山川は美しい。
> 李咏：春へ飛ぼう，春光は無限　祖国は宜しい。
> 周濤：春へ飛ぼう，春意は横溢して万の家は楽しい。

　その中で，「春へ飛ぼう」というフレーズが何度も反復されていて，これは構造を対称させたり，口調を強めたり，内容を強調したりするために使われた重要な修辞手段である。英語ではたぶん置き換えや省略などの方法で重複を避けるが，中国語では重複が「排比句」と詩歌の朗読によく見られる。それは壮大な勢いと徐々に進む感情を作り，工夫した音韻の美しさを形成できるからである。

　今の広告にも熟語の字語の組み合わせを変えたり同音字を置き換えたりする方法で特殊な効果を取っている。たとえば，「随心所浴」（自分の欲するままに振る舞う　「欲」を「浴」へ）（温水器・シャワー），「百衣百順」（何でも従順に，相手の言いなりになること　「依」を「衣」へ）（電気アイロン），「騎楽無窮」（其れの楽しみは無限だ　「其」を「騎」へ）（自転車），「黙黙無蚊」（無名であること「聞」を「蚊」へ）（蚊取り器），「咳不容緩」（一刻も猶予できない　「刻」を「咳」へ）（咳止め薬），「無胃不至」（どんな微細なことにも行き渡っている「微」を「胃」へ）（胃薬）等々。

　従って，現代中国談話研究はまた，具体的な言語環境と特定の研究目的に

よって，談話の内容と形式にとって実□□□な批評ができる。その批評は教学
階段に応用できるだけではなく，各業界の談話実践でも同じく運用できる。
この目標を実現するため，研究者は中国文化談話美学に対して必要な理解が
不可欠であろう。

(8) 談話の受け手の角度から，現代中国談話は全面的で弁証法的で公正な
理解を求めること。西洋の談話分析実践は受け手の理解を殆ど気にしない。
それは，個人主義を崇める文化に関係があり，結局談話をただ話し手のこと
と見なす一方，構造主義と二元対立の思想方法に関係が有り，結局談話分析
の焦点を静態の言語形式に置くからである。しかし中国儒家伝統の中で
「仁」・「礼」や道徳を基準とする談話観は，話し手を含むだけではなく，受
け手も内包する。孔子曰く，「君子は言を以て人を挙げず。人を以て言を廃
せず」（『論語・衛霊公』），「視るには明を思い，聴くには聡を思い」（『論語・季
氏』），「礼に非ざれば聴くこと勿かれ」（『論語・顔淵』），「其の言を聴いて其の
行いを観る」（『論語・公冶長』）。今では，中国談話は受け手への要求がその
鮮明な道徳伝統を継ぐと言われ，談話実践を全面的に弁証法的に公正に扱う
ことを要求するのである（施旭，馮冰 2009）。

　　　最近，南京江寧不動産局局長・周久耕は一夜のうちにネットで「大人気者」
　　となった。彼の言論はひとつぶの石が水面に千の波紋を引き起こしたようだ
　　った。彼の言論に対して各方面から見る必要があり，彼のやり方の主要な目
　　的は自分の利益を守り，不動産取引の値下がりの風潮を安定させて，開発者
　　の気持ちを落ち着かせるためである。ネチズン（Netizen）に怒られても避け
　　られないことだ。でも，我々が理知的に考えると，彼のやり方はまったく理
　　不尽でもない。（周久耕の言論を客観的に扱う　http://club.gd.sohu.com/
　　r-zz0279-37304-0-0-900.html）
　　　私から見れば，最近林毅夫教授の所得税「仇富心理」（富をねたむ心理）の
　　説に対する非難は感情が理性に勝って，林毅夫の所得税言論に対する全面的
　　分析も欠けている。更にある人はメディアで文章を書き，「林毅夫は工商連語
　　副主席に当選した後すぐ〈金持ちのため言を立てる〉のは，工商連語副主席
　　の中で億万長者がとても多いから」と指摘した。公平にいえば，林毅夫の所
　　得税「仇富心理」の説は妥当でもなくて，一層説明を要するが，我々は林毅
　　夫の全部の話にとって分析し討論する必要もある。「仇富心理」を提出した他

に，彼は「目前にして我が国の所得税の徴収には多くの抜け穴が有って，そのために一部分の金持ちたちが規則に則って税を納めていない。それ故，我々は今の徴税体系を完全にすべきで，徴税の方法で貧富の格差を縮めるなどと言えない」と思った。経済学者として，林毅夫はもっと複雑な経済原理で徴税が貧富の格差の縮小への影響を分析しようとして，簡単に税収で財産の均衡を取ることを認めるわけでもないのであろう。（江蘇国税網　2005 年 10 月12 日　http://www.js-n-tax.gov.cn/Page/NewsDetail.aspx?NewsID=68463）

　現代中国談話研究は受け手の視角と立場を特別に注目しなければならず，同時に中国の特殊な受け手道徳原則と方略を運用して，談話の理解を考慮すべきだ。

　以上の理論命題は研究の枠組み中の異なった性質を持つ支柱である。それらは異なった範囲に触れて，異なった重点を持っている。その一部は第一条や第二条の様に描写的であったり，第二条や第三条の様に解釈的であったり，第三条と第七条の様に統領的でもある。注意すべきなのは，この枠組みがいつでもどこでも「魚」を捉える完璧な漁網ではない。いや，これは完全な枠組みではない。前にも言った通り，我々はまだ頑張り続けなければならず，これらの概括的な命題を，言語使用形式を表現している操作性のもっと強い理論へと転換しよう。

現代中国談話研究の方法論

　ここでのいわゆる「方法論」は，「メソドロジー」と表現されてもいい。具体的な方法を含んでいる一方，これらの方法を構成したり選択したり使用したりする基本的な原則を括っている。また，これらの具体的な方法は対象としての学術研究の各部分を貫く――観察，材料（素材と背景材料）の収集，研究（解読，分析，評価など），学術交流。

　まず西洋の社会科学の方法論（methodology）の基本内容を解明しよう。と言うのも，西洋の社会科学の方法論は伝統的な基礎づけ主義（foundationalism）から解釈論（interpretivism）への変化を経ていたのである。「基礎づけ主義」

から見ると——その一，社会調査の対象は中性的なもの，言い換えれば，社会現象の意義は独立した客観的な世界から生まれたもの。その二，科学者たちの使用する方法は十分に中立的で透明性があり客観的であるべきだ。基礎づけ主義が言語学へ典型的に長期に渡り与えた影響は，「言語」及び言語の「構造」・「方略」・「過程」・「階調」またはその他の「性質」と「特徴」は，みな客観的な事実と見なされることができるということなのである。だが，ここでの問題は，主観意識や談話の文化多様性や研究者の創造力を無視し，同時に専門家の権勢地位を覆い隠してしまった。また，異文化対話の需要を抑制して，「真理」を独占してしまった。

　一方，解釈論の方法論から見ると——社会科学は知識を生産した社会活動で，歴史と文化に係り，決して現実的で真実的で客観的なものの複製ではないのである。従って，研究者は転じて本質的に対話性や関連性に属した社会科学の研究方法を採用することにしていた。

　しかし，皮肉なことに，解釈論への転向は他の文化，特に非西洋文化との方法論の伝統の対話や往来を帯びてこなかった。国際学術のレベルから非西洋の方法を運用することなどは言うまでもない。源を求めれば，各種の西洋の方法論のモデルは一度でも自らを，グローバルで歴史文化性質を持つ権力関係や行為の枠組みに置くことがなかったからである。西洋の学術システムはよく東洋の知識を無視し，「低級」や「非標準」との類を貶す。その一方，「より総合的」や「よりシステム化した」などの巧言を通じて，西洋学術は社会科学の国際交流体系における支配的地位を保持し，永久化させようとする。言い換えれば，普遍主義（universalisms）と東方主義（orientalism）は依然として社会科学の方法論が文化多元化に向かう途中での最大の障害であって，この二つの問題も社会科学のあるべき文化政治の目標の実現を妨げてしまった。

　我が国の学術の発展歴史，国内外の各種の学術経験を見渡して，私は現代中国談話研究方法の構築が「中西結合」・「古今融合」することを基本原則とすべきだ（陳光興 2006；周光慶 2002）と思う。研究方法は教条的，単調的であるべきではなく，文化閉鎖（主義）になるべきでもなく，優秀な伝統も捨

てるべからず，「中西結合」・「古今融合」の道を選ぶべきだ。たとえば，東洋や中国の伝統学術方法は直感と全体を重んじて，西洋当代学術は理性と部分を重んじるわけで，我々はそれらを整合し，新たにもっと全面的な方法システムを建設できる。また，西洋の談話分析には，否定的態度を持つ「批判的談話分析」と肯定的態度を持つ「積極談話分析」という二つの目立った分枝がある。各自には長所があるが，二元対立思想の結果でもある。中国学者はそのメリットを吸収できる一方で，弁証法的な考え方でそれをより全面的で複雑な分析方法に発展させることができる。我々の談話研究方法はそういう総合的で革新的な方式によって中国の烙印を押される，と願っている。

　これらの原則より，以下の命題を提出し，現代中国談話研究の原則方法とする。

（1）　全体的，全面的に談話を研究する。というのは，我々の研究はただ一時，一地域，一篇の言語文字にこだわって，関連する他の時，他地域，他言語の文字をかまわぬわけにはいかない。ただ言語生成者の立場から考えて，言語接収者や対話者の視点を気にかけないわけにはいかない。ただ研究者の趣味と観念から出発して，研究対象の感覚を注意しないわけにはいかない。中国文化「天人合一」の観念に合致する現代中国談話研究の最も重要な方法とは，関心がある談話対象と我々の知られた関連のある世界を一体と見なした上で，その中の関係を引き出すのである。たとえば，一面的に中国人権談話を研究する学者にとって，中国は言うだけでやらない，もしくは中国人権談話が完全に中国自身の政治利益や意志から出ることという結論を出すかもしれない。でもそれと中国の歴史，あるいは西洋との関係から分析すれば，すぐわかったのは，中国では昔に「人権」をあまり討論しないが，今は全社会に幅広く人権を討論して重んじるようになっている。もし言語が社会行動の一種であれば，その談話の歴史変化自身は中国人権事業の進歩であろう。またわかったのは，中米人権問題の争論について，実は「人権」の観念には文化の差があるから，我々が相応しくて異なる文化批評標準を運用すべきだ。しかも，中国の人権談話の形式と内容は，実にアメリカを始めとする西洋覇権型の人権談話と切り離せない。それは元々反文化覇権の産物である。

⑵　統一的な弁証法で談話を研究する。西洋二元対立思想のもとでの分析方法（たとえば「批判的談話分析」「積極談話分析」）と違った当代中国談話研究の独特の方法の一つは，物事を二分してから簡単に一面的に分析したり批評したりするのではなくて，談話中の差異と区別に注意すると同時に，それらの差異と区別の間の関連し合ったり浸透し合ったり転化し合ったりした関係を見て，関連形成した複雑な現象を見るのである。たとえば，二元対立の方法で杭州市民の都市発展に参加する談話を研究すれば，権勢階層の操った結果と見なして批判すべきだと思われるか，民主の力と見なして褒めるべきだと思われるか。しかし弁証法の統一的な方法は，その談話の両面性・関連性・複雑性・動態性及び社会影響性などを把握してみるのである。

⑶　理性と経験を併用すること。西洋のテクストや談話（ディスコース，discourse）分析はもちろん我々が運用すべき方式の一つである。しかし同時に中国人が自分の談話の特徴からまとめた独特の研究手段を運用すべきである。たとえば，反復で精読し吟味したり，（我が身をその中に入れて）推察したり，（厚く積んでゆっくり発して）頓悟したり，（創造性的に）妙悟（出典：厳羽『滄浪詩話』）したりして，「形象を尋ねて意を求める」，「物を体験して意を得る」。即ち我々は具体的な事実を運用し，厳密なデータにより明確な結論を推理して出す一方，状況によると経験・体験・理想や想像によって，より緩やかな認識と観点を出して，より早い速度で器用な答えを得ても構わぬであろう。言い換えれば，我々は談話対象に対して，繊細に分析すべきであり，総合的に判断すべきでもある。たとえば，中欧貿易紛争談話の問題を研究する時，実証的な方法によれば，ユーロッパ連合政府の談話は充実しても周密であり，中国政府の談話は言葉が簡単で要領を得なかった（「断然反対」，「不公正である」）ということを発見したそうである。しかしもし我々が中国文化や海外貿易歴史の経験を加えて考えると，中国政府の反応は「和を貴しとなす」という原則やWTOに参加した後の経験不足に関係があるかもしれないと考えられる。

⑷　ローカル／グローバル，西洋／東洋の価値観を併用すること。現代中国の談話研究の目標は中国の談話を解釈することだけではなく，同時にそれ

を評価すべきでもあり，人々の談話の生成・理解・選択などに指導を与えられるのである。それで我々が明確な評判標準を持たねばならない。前述の理論説明に中国談話が「和して同せず」を尊ぶことに言及したが，それは開放的な談話であり，グローバル化の潮流にも順応するのである。それ故に，我々の評価システムには中国文化の価値観を運用するのだけではなく，「海は百の川々を取り巻く」（出典：林則徐）ようにみなの長所を広く学んで，普遍的に人類の認める基準を採用すべきだ。以上の理論部分は既に中国の文化価値観選択で触れたので，ここでは「世界性」的な標準を討論する。以下の三種の状況がある──㋐我が国に認められた（人権・環境・経済貿易などの面の）国際公約。㋑中国談話に関係がある他の文化の基準。㋒研究者個人の主観的能動性の発揮が必要で，不平等な文化関係に新しい基準を選択したり創造したりする（たとえば，圧迫された文化からも強勢の文化からの「和して同せず」の標準）。たとえば，今世紀以来杭州市政府は経済発展を，専ら集中する都市ブランド名称を多く提出していた。これは中国社会発展の需要に応じたが，ユネスコ（国際連合教育科学文化機関，UNESCO）の「環境保護」や「伝統文化保護」の要求に気を配っていなかったから，酷く極端な談話だと言えるであろう。

⑸　談話と人生を循環させて対話すること。談話は客体と見なすだけではなく，談話分析したり説明したり定義したり批評したりする対象と見なすのだけでもない。同時に対話の主体とすべきだ。談話と研究者の生命体験の間に循環の対話を行って，絶えず対比しあったり解明しあったり批評しあったりするのなら，談話への認識が変わり，研究者の人生も変わる。ただし，自分の認識や判断を唯一の正確で最終的な解釈と見なさず，謙虚な態度を保つべきだ。これも研究者が「万巻の書を読んだり万里の道を行ったり」すべきということで，研究結論と研究者の間に対話の余地を残し続けるべきということである。

⑹　表現は明晰で，論点は根拠があること。方法論の有機的な組成部分として，当代中国談話研究はその結果を展示する時にも特殊な要求がある。これらの要求は国際人文社会科学学界の一般的な基準にも合致する。異文化の

高レベルな表現の明晰さを達成し，論点や観点は同業者に受け入れられる根拠を持つべきだ。そのほか，評価も明確な基準を持つべきだ。その上で研究成果が同業者に知られて，知識の批評や討論に参加させられる。

以上の談話研究の原則方法によると，我々は以下の基本的な談話研究分析の問題を導出して，具体的な研究実践活動の指導とする——

話者及びその関係——誰が話す（話さない）。誰に話す（話さない）。その間の社会関係がどうなのか。

内容——何を話す（話さない）。

形式——如何に話す？　何故そう話さない。

媒介と交際の秩序——どの媒介を使う（使わない）。交際の秩序がどうか。

時間と空間——談話者はいかに時間と空間を把握しているか。

歴史や文化との関係——伝統や違った文化とどのような関係があるか。

目的と結果——目的が何か？　結果がどうか。

現代中国談話研究の問題意識

現代中国談話は一種の中国文化が社会現象として，自身の特殊な形式と内容が有って，従って中国自身の特殊な関心があるのである。したがって，現代中国談話研究は一種のアプローチとして，必ず自身の独特の問題意識を形成させなければならない。

研究の問題意識の形成と実践は，その特定的な文化と学術伝統に緊密な関係がある。西洋の文化伝統及び現代経済社会の条件により，西洋の学術は「純粋な」「世界に普遍的な」知識を重んじて，自己の個性の存在と実現に関心を持つ。たとえば，現代西洋談話研究は談話と知識の関係，談話とアイデンティティとの関係という問題に特に注目するのである。中国では，談話と現実，談話と意義，談話と自己の関係の問題は実に二千年あまりの先秦時代に，もはや違った答えが出てしまった——①言語はだだ単に現実を反映するだけではなく，それは現実を構築し変容する。②言語の意義は不確定的で，主客の対話の過程の中で発展するものである。③言語の最も主要な目的は道

徳を立てることで，特に社会と国家の調和を維持することである。しかし，西洋の強勢的な学術発言権のために，中国の学術圏はまだ西洋の学術趨向の支配を受けさせられている。

　だが，学者は問題選択に対して受動的ではなく（必要がなく），クリティカルな意識を持つべきだ。ここで特に強調したいのは，現代中国の状況は西洋と巨大な差異があるということだ。二千年あまりの中国文化を持ち，十三億の人口を持ち，発展レベルがより低く，バランスのよくない社会主義制度国家であり，アメリカをはじめとする西洋強権政治に操られた不平等的な国際環境に臨んで，一番切迫した任務が経済と社会を発展させることである。同時に，発展途上国のリーダーとして，発展途上国の利益を守る国際責任を担っている。よって，現代中国談話の新しいモデルは自分の特殊な問題意識を持つべきだ。

　実は，中国文化の核心となる特徴の一つは「実用」を求めること（「これは何で使うか」という問題に関心を持つ）である。これを継いで，中国学術にも「学んで実際に役立てる」という伝統がある。中国知識人の典型的な特徴の一つは「憂国憂民」である（Davis 2009）。

　より高いレベルから見れば，中国 40 年の改革開放は我々に空前の優越的な研究条件とゆとりのある研究空間を与えている。このような社会・文化の新しい情勢において，中国学者は頑張って西洋学術の趨向を超えて，世界大国の学者として，発展途上国のリーダー国家の学者としての学術責任と使命を担おうと考え始めるのであろう。我々はもっと多くの人がもっと多くの精力を使って，中国及び他の発展途上国の問題を研究したり助けて解決して，国際学術の平等な対話と批評を牽引するのかどうかという問題を考えるべきであろう。

　それらの文化現実・文化政治並びに学術革新の立場では，現代中国談話研究理論の問題意識が以下の幾つかの方面を含むと私は思う。

　⑴　発展談話——これは「発展」が中国ないしすべての第三世界の本質的な特徴であり，中国社会の関心を持つ核心問題であるからだ。中国の発展と発展問題は多くの方面と種類を括っている—たとえば，教育問題，就職問題，

医療問題，貧困問題，弱者層（婦女，農民工人，留守児童，障害者など），東西（発展）不均衡，新農村の建設，都市化など。

(2) 業界談話——前述の現象や社会文化の目立った問題以外に，現代中国談話研究は社会各領域の「通常」性や日常性の問題に注目するべきだ。たとえば，政治談話はいかに人の心に深く入り込むのか，いかに民衆と良性の相互交流を形成するのか，経済と貿易談話はいかに社会の調和を進めるのか，媒介談話はいかに社会宣伝の仕事に寄与するのか，文学談話はいかに人々の生活を豊かにさせるのかなど。

(3) 民族談話——中国民族は生まれてからずっと多元的で統一的な局面にあって，絶えず変化し発展している。西洋資本主義のグローバル化が深くなって各民族の人民の往来が頻繁になった現在では，民族文化の伝承と保護，中国民族と世界文化の間の平等の交流と発展は皆，当代中国談話研究が関心を持つべき重点問題である。

(4) 主権談話——たとえば，「台湾独立」問題・「チベット独立」問題，「新疆独立」問題など。歴史的な原因と国際反動勢力の破壊と妨害のせいで，中国の主権問題は常に継続的な挑戦を受けている。これは中国の核心利益に触れて，現代中国談話研究の関心が向けられるのも当然であろう。

(5) 危機談話——世界の談話生活は歴史の軌道の上に発展し変化しているのである。従って我々の談話研究の問題意識も，必ず高い歴史敏感性を持たなければならない。時とともに進み，問題意識の方向性を絶えず変換しなければならない。たとえば，近年の突然現れた「新型肺炎」・「汶川大震災」・「経済危機」・「タイプＡH1N1型インフルエンザ」・「民族分裂活動」などの問題は，談話学者と学生の積極的な対応を集めている。

(6) 文化交流と融合の談話——中国はずっと昔から文化包容を行う国である。現在西洋資本主義とグローバル化が加速し，アメリカの文化覇権も拡大する一方，多くの学者は我が国の文化保護の問題を提出した。特に我々の研究する価値があるのは，中西文化の衝突の下に，中国文化の変化の性質と方向並びにその結果であると言える。

(7) 異文化談話——歴史と文化の原因があり，中西の間にはまだ巨大な差

異・わだかまり・偏見・差別がある。強権政治は依然として中西文化関係の本質的な特徴である。それらの差異とわだかまりは中国の発展を阻害し，世界の調和共存にも影響を及ぼす。それらの問題は政治・経済・外交・軍事などの各領域に反映され，従って中国と東洋文化の世界のイメージと発言権，東洋と西洋の間の対話と連携などは皆当代中国談話研究の重点問題と成すべきであろう。

　以上の談話問題はある方面には関連があるので，研究理論と方法も時に重なるところがある。そのほかにも，以上の談話問題の一部分は現実に存在していて，我々が認識したり解釈したり分解したりしていくことが必要であり（たとえば，不平等な教育談話，全般的な西洋化の談話など），でも一部分は想像したものや未来のもので，我々が発展したり創造したりしていくことが必要である（たとえば，もっと有効な職業談話，もっと調和的な民族談話など）。

結　　語

　本章において私はただ総体的で初歩的で完全ではない実験的な研究の枠組みを提出した。我々はそれらの理論・方法・問題意識の基本問題を絶えずより具体的な言語と言語環境の関係の説明へと転化すべきであり，これを以て更により一層学生や学者の談話研究実践を指導する。

　明らかなことは，以上に提出した枠組みの構築の仕事はただある一つの学術圏で行うなら，完全にその真の目標にたどりつかない。異文化，多学科，異言語の連携研究が必要であり，特に外国語界，中国語界，メディア学界及び他の社会科学界の共同の努力が必要であり，中国学術思想と成果を徐々に永続的に全方位に国際学術論壇に提示する必要がある。

第二部

中国に自身を認識させ　世界に中国を理解させ

第5章　談話と都市発展

　発展は第三世界の国にとって重大な課題であり，もちろん現代中国の重大な課題でもある。本章において，都市発展に関わる談話を分析して評価してみたい。主要な目的は談話の都市発展への作用と影響を示すことにある。ここで言われる「都市発展」は，都市建設の内容・形式・位置づけ・計画などを指す。そして，「談話」は具体的な場合において，ある人やある団体が特定の話題をめぐって，他人や他の団体とコミュニケーションをする事柄を指す。

　都市発展の問題を研究している学者はふつう社会学・経済学や（国際）政治学の視点に立ち，関心事が人口・集団の経済指標と生活状況及び都市建設に集中する（Irogbe 2005; 黄宇亮・王竹 2006; 鄒身城 2006; 鄭時齢 2006）。しかしここでは，我々は相関する言語コミュニケーション活動への体系的分析と価値判断を通して，都市発展の重要な特徴と問題を明らかにして，今後いかに談話使用の角度から都市発展のために，方向と戦略の上で重要な啓発と指導を提供することができるか，ということを特に提示したい。

　本章の基本的出発点と理論の枠組みは以下のように述べられる。談話の内容・形式・過程と権勢関係などは，都市の発展の方向を決めて，発展の戦略・チャンスないし成否に影響することができる。談話と発展，両者は有機的に結びついて不可分であるから。このように都市発展の談話の視点に基づいて，本章は杭州の都市発展の談話につき，なるべく体系的で詳しい分析と批評をすることになる。目的は都市発展に資する談話形式・内容と都市発展を損なう談話形式・内容とストラテジーを目立たせることにあるのである。

　なぜ杭州をケーススタディの対象とするのか。杭州は中国で一番有名で伝統的観光都市の一つであり，新世紀グローバル化時代において，その発展が探究に値するというわけである。また杭州の経済・社会・文化発展の成績も

優れて，中国の他の類似している都市と発展途上国の一部の都市の発展にも，参考になる価値がある。そのほか，杭州は 2010 年に世界遺産申請を成功させ，我々も国際的標準をもってその発展の内容・形式と目標が要求に該当するかどうかを観る必要がある。

　本章において具体的に注目される現象と問題，運用する手段と研究の学術価値と社会的意義を，予め読者の方々に大体了解してもらうため，二つの例を挙げて説明しよう。

　第一に，2008 年 5 月杭州市委員会書記・王国平はドバイを考察した後，「ドバイは杭州の手本である」と提示し，杭州がドバイに学ぶのを要求する（扑羅 2008）。談話研究の手段として，発話者の身分，発話の場合，発話の内容と形式並びに発話の反応と効果を分析することができる。そこから，杭州市委員会書記の指導者会議での発言は，重要な指導的影響を生み出すことになる。したがって杭州に文化性質上の変化が生じる，ということが見えるであろう。また中国伝統文化の保護及び杭州の特種文化の伝承を標準にすれば，そのような談話の文化的結果をさらに観察できる。

　第二に，杭州は 2010 年に「西湖―龍井茶園」の名義をもってユネスコに世界遺産登録を申請することになる。成功させようとしたら，完璧な申請書を提出しなければならない。申請書の内容は社会に公開して意見を求めたことがないから，その内容は知る由もない。では，「西湖―龍井茶園」及び近年杭州の位置づけとして流行っている談話，たとえば，「アニメの都」「東方のヴェニス」「天国シリコンバレー」をもって，その成功確率を判断してみよう。もちろん，まずユネスコの世界遺産への定義と要求を理解しなければならない。紙幅が限られるため，簡単に以下の二点を概括する（World Heritage Centre 2008）。①必ず人類普遍的な歴史文化価値がある。②必ず人類普遍的自然の風物がある。それで，疑いなくそんな談話は歴史文化への関心が不足している。しかも，「龍井茶園」は世にも稀な風物ではない。というと，我々は申請書を点検する時，その二種の要求を満たすかどうか，西湖の歴史文化の根底を十分に強調するかどうか，いかに「龍井茶園」が人類普遍的自然風物の価値を有することを証明するか，という問題を考察しなけれ

ばならない。

　都市発展の研究は往々に談話の作用を無視している。「都市発展」の研究から都市発展談話の研究に転向して，筆者は都市発展の研究理論，特に都市発展を展示する談話の新理論を拡大して革新することを求めたい。杭州のケースを体系的に細かく分析して評価して，杭州の都市発展談話中の優勢と欠点を明らかにして，談話理論を豊富にして発展するかもしれないだけではなく，杭州の発展談話に全般的で深い認識を提供することができる。この認識は疑いなく杭州の今後の都市発展談話実践ないし発展自身に明確な指導価値を生み出す。

中国文化研究の重大課題としての「発展」

　「文化研究（Cultural Studies）」は，大規模な学者の参加がある，体系的に行われる現代社会科学として，1970 年代イギリスのバーミンガム大学の現代文化研究センター（Centre for Contemporary Cultural Studies, CCCS と略称）から生まれた。当時，R.Williams と S.Hall などをはじめとする一部の学者は，一般民衆や少数民族の視点に立って，批判の鉾先を資本主義と人種主義に向けた。そして，その社会科学の形式は米州とオセアニア州に拡散していった。内容も性差別と植民地主義への批判まで広がった（During 1999; Storey 1996）。

　その西洋の文化研究は 1980 年代，中国に紹介された。同時に，1978 年改革開放後，我が国の学界内部にも文化研究が盛り上がった。中国自身の社会変革についての新問題を探索し，主に我が国の改革開放の過程でいかに西洋の資本主義を扱うかという議題をめぐって展開した。

　筆者は，第三世界のリーダー国の学者として，中国の文化研究者には発展途上国の典型的な問題に関心を払い，それらの問題の研究を導く責任と義務があると思う。中国の文化研究参加者にとって，挑戦であり機会でもある。多くの発展途上国の学者が東洋と西洋の学問にも堪能であるとはいえ，文化研究ないし全ての現代社会科学は基本的に西洋の学術に主導されているから，非西洋国家の学者は殆ど声を発しなくなってしまう。

　それなら，何が第三世界国家の典型的な問題であろう。第三世界は発展
（development）によって定義されるゆえに，発展に直面する問題を中国と他
の発展途上国の文化研究において，原則的な問題にするべきである。具体的
にいえば，主に発展途上の経済と社会の問題を含めて，その中で一番重要な
課題は現代化を実現することである。もちろん，発展問題と緊密に繋がる平
和，民族自治と自然保護などの問題も残っている。

　発展問題は長い間に主に国際政治学と政治経済学の枠組みの下で研究され
ている。学者たちは主に人口，社会集団の経済や社会関係，権力問題，経済
建設などの問題に関心を持つ（Irogbe 2005; 黄宇亮・王竹 2006; 鄒身城 2006; 鄭
時齢 2006）。本章で示したいのは，発展の過程で，談話は発展の有機的成分
であるから，無視できない重要な作用を発揮していることである。本章の初
めの部分でも触れたが，談話の内容・形式・過程と権力関係などは，都市発
展の方向を決めて，発展の戦略・機会ひいてはその成否に影響することがで
きる。言い換えれば，何が発展であるか，何を発展させるか，どのように発
展するか，談話で選択したり，定義したり，描いたり，指導したり，呼びか
けたり，評価したりする必要がある。杭州は世界遺産登録申請の過程で，仮
に談話（たとえば申請書）の運用が合理的でなければ，必ずその結果を損なう。
もし，西洋国家が発展途上国をめちゃくちゃに報道すれば，必ずそれらの国
への投資に影響を及ぼす。したがって，談話の新理論の視点から，発展の旧
問題と新問題を研究しなおさなければならない。

中国固有の文化研究理論と方法

　本章では，中国の文化研究は「発展」を問題意識の方向にすべきであると
提示している以外，中国文化問題・発展問題を研究する体系，哲学・理論と
方法も含めて，その方面において，中国の特色を抽出したい。それによって
文化研究の視野を広げ，中国の文化研究に新たな考えを提供する。簡単にま
とめると，中国の文化研究は以下のいくつかの基本原則を一貫して貫くべき
である（施旭 2008; Shi-xu 2005）。

(1) 「天人合一」の本体論。宇宙，文化の全ての内容を，一つの関連しあう統一的全体と見なす。よって，文化・発展・歴史等々いずれも多元の一になる現象である。

(2) 「弁証法的統一」の知識論。我らは必ず物事を依存・浸透しあって変化しつつある現象としなければならない。従って，杭州の発展談話は複雑であるかもしれないが，認識して評価する方法も多元的開放的になるべきである。

(3) 論理観において，ⓐ中国文化の価値観，即ち人と自然の調和，ⓑ国際社会の準則，ⓒ自然を守り，文化を守る（ユネスコの『世界遺産条約』で提示する二つの根本的な要求）を貫くべきである。

(4) 理論において，「談話，言は意を尽くさず」の今への指導価値を深く掘り出すことを貫くべきである。人類文化，談話を含めて，多元的に共存する現象である。意味を探索しようとしたら，先ず，人類／世界と言語の関係は直接的でなく間接的であるという認識から出発すべきである。

(5) 研究方法において，研究者は必ず主客関係に注目して，言語とコンテクストの循環的対話の上で両者の関係を模索すべきである。

　文化研究の方法は多種多様であるが，今流行っているのは民俗学の方法であり，本章では談話研究（Discourse Studies）の方法を採用する。実にその原則と民俗学の方法は同じであるが，談話学の方法はより言語の使用状況に注意を向ける。本章の初めにも言及した「談話（Discourse）」は具体的な場合ある人或いはある集団が特定の話題をめぐって他人や他の集団と言語交流を行うことを指す。それは具体的言語コミュニケーションすることで，言語活動の参加者（たとえば話し手と聞き手），話題，活動の中での社会・文化・歴史関係，目的，効果，影響等々によって形成される。したがって，「政治談話」「コマーシャル談話」「農民工談話」「チベット独立談話」，これらは違った談話成分や因子を反映していると言える。

　本課題はまず文献収集の形で，各種の社会公共団体，機構あるいは人物の，杭州の都市発展についての発言，文献或いは他の言語使用状況（たとえば民

衆が呼びかけに応じる投票）の談話材料（discourse data）を集めた。ここである一つの話題（たとえば西湖の景観建設）をめぐるだけではなく，状況によって歴史的材料を掘り出す。

　材料を集めて整理した後，理想的な角度から言えば，談話の研究方法は以下の幾つかの側面を括るべきである。①杭州の都市発展の談話の歴史変化はいかなるものか。②誰が集団的や個人的な発話者であるか。すなわち，誰が発言権を持っているか，それとも誰に言うか誰が聴くか。③談話の活動形式における社会関係は如何なるものか。④談話の形式の内容は何であるか。⑤談話の意思伝達の道はどのようなものであるか。⑥談話の中で，言語使用と時間・地点・各々の文化との関係はどのようであるか。⑦本章では特別に都市発展の談話は中国と世界に関わる道徳理想に一致するかどうかということに関心を持つため，このような標準で談話実践を評価する。ⓐ中国文化での天人合一という人と自然の調和的に共存する価値観，ⓑ我が国の「発展」目標，ⓒ国際社会に公認される「自然を守る」「伝統を守る」という要求（World Heritage Centre 2008）。

杭州の発展談話研究

　杭州の発展談話はまったく複雑な現象であり，それに対して全般的な研究はやりにくいが，ある肝心な方面においてはかなり体系的な調査分析と評価を受け貢献した。ここで，集めた談話主体と内容の状況に注目する。

談話主体の分析と評価
　この部分は，杭州の都市発展問題の発話者の状況を分析して評価する。それに対して一連の具体的な都市発展の談話をケースとして，歴史比較の方法を用いて，都市の定位，景観の選択と命名問題の上でそれらの発言者（或いは発話者）の談話状況を研究する。

西湖十景の三回目の選評

周知のように，西湖と周りの景観スポットは杭州の都市の核心的な特徴である。景観の選択と配置の発言権の使用は，杭州発展談話の主体の重要な部分である。その為，まず西湖十景の三回目の選評という談話活動を，杭州都市発展談話を解析する典型的な例にしよう。

西湖の景観スポットには歴史上何度も変更がある。たとえば，元代（1271―1368）には「銭塘十景」があった。清代（1722―1735）には「西湖十八景」。しかし，歴史上最も影響力のあるのは南宋の「西湖十景」である。しかも最近影響力が大きいという二回は 1985 年と 2007 年である。以下では，その三回をめぐり，談話主体の状況を分析する。

概していえば，西湖の景観スポットの選択と命名の発言権は 1985 年から根本的変化が発生している。その前は基本的に文人，貴人たちが談話権を操っていたが，その後は民主的談話主体が現れている（表 1 を参照されたい）。続いて具体的に見よう。

⑴ 1129 年，宋の首都は北方の開封から南方の臨安府（今の杭州）に遷した。その時の臨安府は上層階級の楽土であった。特に浚渫されて整備された後の西湖は，まさに美しかった。皇家画院は景によって絵をつくり，絵によって景を名づけ，彼らの西湖景色図は「西湖十景」の根拠と基礎となった。従って十景の名があった。ほかは，蘇堤春曉，曲院風荷，平湖秋月，断橋殘雪，柳浪聞鶯，花港觀魚，雷峰夕照，雙峰插雲，南屏晚鐘，三潭印月である。

⑵ 近来の 1984 年に，政府機構，旅行社組合とメディアは市民と観光客の間で改めて新たな西湖十景を選評するという活動を行う。全国各地の約十万人が参加し，7,400 個の名前を提出した。そして公衆から組織された審査会は提出された項目に選別をした。1985 年に，市園林と文物局は十景の所で石碑を立てた。その活動はオフィシャル機構や企業によって組織されてメンバーに選評されたとはいえ，その景観スポットの選択・命名を大勢の民衆が参加し，それとともに大衆は選評の最終結果の主体となった。

⑶ 2007 年に行われた「西湖十景の三回目の選評」は前回の談話主体の状況とほぼ同じであった。数年の都市整備を経て，「和諧西湖」と「生活品

質之城」という主題のもとで，市政府と市委員会は「西湖十景の三回目の選評」の活動を行うようにと呼びかけ，市民に近年修繕された 145 個の景観スポットから 10 個新しいスポットを（南宋や 1985 年のを除いて）選んでもらった。市民が問い合わせて，意見を出すために，電話とサイトはいつも利用できた。その他，市政府は各学科領域，異なる業界の専門家，大衆と国内外の観光客の意見をまとめた上で，意見が出された。選評の意見を参考にする比重において，専門家は 20％を占め，公衆は 80％を占めた。また注目に値するのは，その時景観スポットの選択と命名には四つの特別な社会価値要求があった。いわば，ⓐ「雰囲気作り」があるべきである，ⓑ必ず時代の特徴を反映する，ⓒ景観の名前は必ず四文字で，流暢に読める，ⓓ最後に選択される景観スポットは必ず景観スポットの配置が均衡的で合理的であるという要求を満たす。おおよそ十万人は選評に参加し，結果は三カ月後の西湖国際博覧会の開幕式で発表することになった。（詳しくは www.zjd.com.cn 2008.7.26）

西渓三堤十景

　近年，一般民衆が選択と命名に参加する杭州の景観スポットは西湖の周りに限らない。杭州の西渓湿地の景観スポットの選評活動はもう一つの典型的な例であり注目に値する。性質的には「西湖十景の三回目の選評」に似かよっているといっても，参加人数には明らかな差異がある。以下の記事報道（『都市快報』2008.10.11）を見よう。

西渓三堤十景選評の結果
　18 日夜，西湖国際博覧会開幕式で公表
　本紙より　10 月 5 日まで，西渓三堤十景選評には合計で 238,686 票が届き，ネットのアクセス数も 570 万回を突破し，選評の結果は 10 月 18 日の夜，西湖国際博覧会の開幕式で公表される予定だ。
　昨日の午前中，市のリーダーと審査会の専門家の方々は再び集まって特別会議を行い，西渓三堤十景について最後の討論をした。
　活動は 7 月 17 日に始まって以来，ずっと幅広く注目されている。推算に

より，三カ月にわたる選評活動は，西渓に観光客を 20 万人増やした。

　昨日の会議中，市委員会書記王国平は選評活動を高度に評価した。「今回の活動，参加率の高さ，影響力の広さ，選評効果の良さ，いずれも予想を超えた。今回の活動を通して，西渓は杭州の改革開放の成果の一つとして，世人の注目を引いた」と。

　三堤十景が決まった後，各景観スポットは味わい深き名前を一つ持つことになる。「景観スポットの名前が出た後，今後のスポットの建設は名前を風見鶏か奮闘目標とし，完備させ，スポットと名前を名実相伴させ，形と魂を兼ねて揃わせるべきだ」と王国平が言った。

　三堤十景が決まった後，西湖十景の三回目の選評と同じく，各景観スポットは国内一流の書道家を誘い，名を題したり碑を立てたり亭を築いたり石に刻んだりすることになる。なるべく来年に「三堤十景」を社会に見せるように努力する。

　今回の民衆の参加人数の多さは歴史的にまれである。期間を 5 カ月とする選評活動は，僅か 3 カ月で約 24 万人参加し，しかもネット上のアクセス数も 570 万回に至る。もちろん，ネットメディアは極めて重要な作用を発揮している。ただし，こんなに高い公衆参加率はきっとスポットの選択に根本的作用があるであろう。

「生活品質之城」

　杭州の発展談話主体を研究する問題の上において，都市発展の談話主体の深刻な歴史変化をはっきり説明できるもう一つの目覚ましい例がある。それは，民衆は杭州のためと，位置づけ，ブランドを定める。それは長い間政府機関の仕事とされたもので，近年それに携わる企業や非政府組織もある（表 2 を参照されたい）。しかし，2006 年から根本的な変化が生じている。2006 年 8 月，政府は芸術界，文化界，社会学界，都市計画などの各方面の人たちから構成される専門家グループを結成させ，杭州の都市ブランドを象徴する活動を全国に公開した。全国 2,000 名余りの参加者の提供した項目は社会意見聴取，専門家の審査と市民投票といった幾つかの段階を経て，専門家に一定の標準に沿って何回かのアセスメントされた後，十個の候補の都市ブランドが取りだされて，公衆の投票で最後の結論が決まるようになった。ついに杭州の都市ブランドに当選したのは，「生活品質之城」である。それは，

安徽省宿松郵政商函広告公司の一名の職員が提出したものである。

　そのブランドが選出された後巨大な影響を生みだした。2007年1月8日杭州市委員会と市政府はその結果を正式発表した。2月10日の中国共産党杭州市委員会第十回党員代表会議において，市委員会王国平は正式に「生活品質之城」を築こうという戦略を示した。2月15日市委員会第十一回全体会議は「中国共産党杭州市委員会のハーマイオニ社会と上品な町の建設を堅持し発展することについての決定」を通過した。このような談話事件は杭州にとって有史以来初めてである。市委員会，市政府が行った都市の位置づけとブランドの位置づけの活動，その最終決定の力は全国の民衆によるものである。もちろん社会各界の専門家も含めて。その活動は内容と形式でそんなに完璧でないかもしれないが，それは都市発展談話の巨大な進歩である。民主的談話の進歩は，きっと都市の発展をより調和的にする。

　前述した景観スポットの選択と命名並びに都市の位置づけについての談話，その主体への分析から見れば，我々は杭州都市発展の談話の主体は改革開放の後，重大な変化が発生したことを判断できる。いわば，①参加人数が急激に増えた。②官員やエリートから，民衆を基礎とする官民連合の方式に転向した。③談話の主体の成分や身分は多元化になった。④民主的になる談話の主体は都市の景観スポットの発展に溶け込んだ。前の二点は理解しやすくて，後の二点は後で解釈する。

談話の主体の多元化

　1985年以前，西湖景観スポットの選択や命名であっても，都市の位置であっても少数のエリートたちや政権の機構を主体とするのである。しかし，1985年から根本的な変化が発生した。特に「西湖十景の三回目の選評」の後，談話の主体は多種の身分を持つことになった。それは政府以外，大多数が一般大衆であり，非政府組織，社会各界とメディアでもある。談話主体の多元化は自身，談話民主の体現の一種である。

都市風貌の民主化

　以上の都市発展の民主的参加の事実から，杭州の景観スポットや地域の変化，政府機構と権力を持つ少数人物の意志の産物だけではないということが分かる。杭州都市の発展と変化，いわば景観スポットの具体的形成，都市での分布，命名，ないし景観スポットの補完といったことは，大衆の意志と緊密にも繋がっている。後者が決定的な作用を発揮しているとさえ言える。従って，我々の一つの重要な結論とは，杭州の風貌に民主，人文の性質が入り込みつつ，風貌と人文の融合が形成されてきたというのである。

地域と民衆の調和

　文章の初めの部分にも言及したが，発展談話を異なる角度から描写する以外，本文のもう一つの目的とは，発展談話の実践活動に価値判断を下す。中国文化での「天人合一」から見ると，歴史上で一般民衆の都市建設発展についての発言権が持つように無から有になる過程は，「人・自然」が調和した理想な町へ発展していく。また，もし景観スポットのバランスのいい分布も「発展」の要求に合えば，大衆の参加はある程度でそれを促進したと言える。従って，民主的な発展談話は発展自身に利する。

談話内容の分析と評価

　談話の発話者への分析以外，内容への分析も極めて重要な一歩である。それは都市発展談話にとって重要であり，ある意味で何を発展する（何を発展しない）か，発展する内容の内的構造がいかなるものかを決める。その内容は如何に発展することにも影響がある。ここで言う内容分析は無論，簡単な表面の「文面意味分析」（content analysis）ではなく，多元的で総合的な対照方法を通して談話の各種の「言外の意」（たとえば，隠される意味，案外な意味）を発掘するのである。また表2を見れば，そこに改革開放以来主要な都市の位置づけの内容をまとめてある。

　比較によれば，観察できるのは，30年間，特に新世紀に入って以来，杭

州が発展しようとする内容は以下のようである。①多種多様な風景（たとえば，全国重点的風景旅行都市），産業（たとえば，天国シリコンバレー），生活（たとえば，婦人服の都），文化（たとえば，アニメの都），エキゾチックさ（たとえば，東方のヴェニス）。もし伝統と現代文化の視点から，早期と後期の発展内容を比較してみれば，②発展の重心が伝統の旅行観光から現代化と西洋化に転向している。③時間の推移から見れば，都市のある方面の位置づけは急速に変化しているのである。特に新世紀に入って以来，その内容はずっと変化していて，時には一年間何度も変化した（たとえば，2005年と2007年）。④ほかに注意に値するのは，それぞれの発展目標とは，中国ないし世界で最高レベルの中心を目指す。たとえば，「……の都」「東方の……」「……中心」。もちろん，それらの表現は絶対的ではなく，全面的な視点から言うのである。

　では，その内容と内的構造は如何に評価するか。これはまだ，先に既定した都市発展の標準，つまり「天人合一」「自然と文化を守る」「社会・経済の現代化（即ち発展）」に戻らなければならない。よって，近年の発展談話に対して以下の判断を下すことができる。①「経済現代化」「風貌西洋化」が独占的談話となり，伝統保護・自然保護の談話はこっそり消えている。②杭州発展談話はややもすれば「大」「首」を用いる。③発展目標の変化があまりにも早い。④種類が多すぎて切れ切れになった。⑤都市西洋化が主導的な談話になる，といったわけで，そのような都市発展談話は「自然と文化（たとえば和，中庸の文化）を守る」，「天人合一」の要求にかなり離れていて，更に発展の妨げになり杭州に発展の重心と自分の特色を失わせる可能性もある。

　もし以上の分析と評判が信じられないとされたら，杭州の開発しようとするブランドの具体的な内容を見てみよう。その成分はどのぐらい自然と文化を守ることに属するか。

　以下は2008年2月15日に杭州市委員会第11回全体会議を通過した「中国共産党杭州市委員会のハーマイオニ社会と上品な町の建設を堅持し発展することについての決定」を参照されたい（下線は筆者による）。

　　品質の城としての杭州には経済生活品質，政治生活品質，文化生活品質，

社会生活品質，環境生活品質という「五大品質」がある。

経済建設：生活に接近し，生活を革新し，豊富で多様で文化と技術のレベルも高いという産業特色を形成し，経済発展の質量を上げる。

文化建設：文化が生活に溶け込み，生活を改善する。「文化名城」を建設し，誰でも楽しめることができる経済・生態と響き合う文化形態を形成する。都市の文化センスを上げる。

政治建設：生活に立脚し，生活を導く。民主制度が健全で，民主形式が多様で，市民参加が幅広くて，活気にあふれて，安定で調和である政治局面を形成する。市民の民主生活を続々豊富にしていく。

社会建設：生活をめぐり，生活を保障する。「七大問題」を乗り越え，「平安杭州」を建設する。全体の人民が自分の才能を尽くし，自分の拠り所を得られて，互い調和的に扱う社会を形成し，社会の創造力と調和程度を上げる。

都市建設：生活に資し，生活を示す。都市配置が合理的で，機能が協調的で，イメージが優美で，生態が良好である市域緊密関係ネットを作り大都市を形成する。都市のセンスを全面的に上げる。

以上の例への分析と評価によれば，発展談話と発展の内的関連が見えるであろう。発展談話の内容は発展の内容に影響を与える。一方，談話の内容の特徴は正に目下発展自身の特徴と矛盾を反映することにある。つまり，経済が迅速に発展して人民の生活レベルが高まる（これも疑いなく求めるべき目標である）と同時，西洋の現代文明が東洋の伝統文化に衝撃を与えている。従って，発展談話の内容と内容の体系や構造をより慎重に把握する必要がある。

おわりに

明らかに，前の理論と方法の部分で言及したように，談話の参加者と話の内容を除いては，他の方面でも研究する価値がある。たとえば，杭州の発展談話の聴衆の情況はどのようであるのか，数量はどのぐらいか，如何なる反応があるか，談話中で社会関係はどのようであるか，発話者と聴者の間に対話があるか，対話の関係が平等であるかどうか。談話の言語の特徴とストラテジはどのようであるか。前にも談話が生じうる社会・経済や文化の結果の一部を指摘してあるが，談話は具体的にどのような環境・経済や文化の結果

をもたらすか。談話が使用したメディア手段の状況はどのようであるか。充分であるかどうか。前にも，伝統・自然への保護が不足していて，たっぷり西洋化しているという談話内容の状況を示してあるが，杭州都市の発展談話と国際文化，特に西洋文化との関係はどのようであるか。またここで指摘すべきなのは，本文で主に定性的方法を用い，定量的方法をもって，更に多くの新認識を導出できるかもしれない。特に談話と経済・環境の指標との関係において。本文は，杭州都市の発展談話の何らかの方面に限りある分析と評価を出したに過ぎない。

　しかし，本文では発展談話にとって極めて重要な方面において，かなり体系的に突っ込んだ分析と評価をしたと考えられる。以下のような結論を出せる。①歴史発展の角度から見れば，杭州の都市発展の談話には大勢の市民が携わり，それは民主に向かっているといえる。言い換えれば，民衆は都市発展の上で発言権を持ち始めた。②都市発展の民主化の表現として，都市発展談話の主体も多元的になっている。③そのような民主化と多元化の談話すう勢は杭州の景観スポットの増加と均衡な分布を促進して，したがって都市の発展を促進した。④談話の民主性，多元性，人文性は都市の風貌の変化に溶け込み，正に「天人合一」の具体的な表現である。⑤杭州の都市発展の談話内容は豊富であり，しかも変化があり，多彩で活気に満ちたともいえる。⑥そのような状況は疑いなく，杭州を助けて杭州・中国ないし世界の人々に望まれる，目標を遂げるであろう。ただし，一部の談話の状況がそれらの目標と齟齬したこと，背いたことさえあるように見られる。⑦発展談話の内容の変化は多すぎて早すぎて，発展にその重心と体系性を失わせる可能があり，さらに発展の調和に不利になった。⑧現代経済と都市の西洋化を過度に強調し，自然と伝統文化への保護を油断し，最後に発展の失敗と都市の個性の失いをもたらすかもしれない。

表1

時期	歴代の景観名	景観スポット	状況
南宋 1239 年	旧西湖十景	蘇堤春曉, 曲院風荷, 平湖秋月, 斷橋殘雪, 柳浪聞鶯, 花港觀魚, 雷峰夕照, 雙峰插雲, 南屏晚鐘, 三潭印月	南宋は臨安すなわち杭州を都にした。その時の高官貴族学者文人には西湖を慕う人が多かった。人々は戯れたり遊んだりし, 美しい湖と山の間に耽っていた。西湖は「銷金鍋」となった。その時, 遊楽と観賞のため（特に画家にとって）,「西湖十景」という説があった。この十景は南宋文人祝穆の『方輿勝覧』で最も早く見られる。
元代 1271– 1368 年	銭塘十景	六橋煙柳, 九里雲松, 靈石樵歌, 孤山霧雪, 北關夜市, 葛嶺朝暾, 兩峰白雲, 西湖夜月	西湖はまた銭塘湖を名とする。元人は宋代のまねをし, 元代では「銭塘十景」という説があった
清代 1722– 1735 年	西湖十八景	湖山春社, 功德崇坊, 玉帶晴虹, 海霞西爽, 梅林歸鶴, 魚沼秋蓉, 蓮池松舍, 寶石鳳亭, 亭灣騎射, 蕉石鳴琴, 玉泉魚躍, 鳳嶺松濤, 湖心平眺, 吳山大觀, 天竺香市, 云棲梵徑, 韜光觀海, 西溪探梅	雍正の時, 総督李衛は西湖を浚渫し, 名所を修繕し, 西湖十八景を添えた。十八景は幅広く分布し, 西湖の山・湖・洞窟・石・庭園などまでを含めた。内には自然風光があり, 民間風俗もあった。多くは伝統の景観から発展されてきたが, 部分も当時改めて作られたところである。
1985 年	新西湖十景	阮墩環碧, 寶石流霞, 黃龍吐翠, 玉皇飛雲, 滿隴桂雨, 虎跑夢泉, 九溪煙樹, 龍井問茶, 雲溪竹徑, 吳山天風	1984 年に杭州日報社, 杭州市園林文物管理局, 浙江テレビ局, 杭州市旅行総公司,『園林と名勝』という五つの単位が連合して「新西湖十景選評活動」を行った。推計によれば, 全国各地約 10 万人が参加し, 合わせて 7,400 項余りの西湖の景観スポットを提供し, 最後に十カ所に決まった。1985 年 9 月から, 杭州市園林文物管理

			局により，次々と 10 カ所で碑を立て名称を刻んだ。
2007 年	新々西湖十景	靈隱禪宗，六和聽濤，岳墓棲霞，湖濱晴雨，錢祠表忠，萬松書緣，楊堤景行，三台雲水，梅塢春早，北街夢尋	8 カ月にわたり，17 万人が参加し，多種な投票方法（手紙，イーメール，ウエブサイト，携帯メールなど）で「西湖十景の三回目の選評」活動，その結果として，10 月 27 日に浙江省杭州市市委員会書記王国平は夜に行われた杭州西湖博覧会開幕式で公布した。

表2

時期	位置づけ	状況	結果
1979 年	全国重点的旅行都市	前に杭州の都市性質と発展方向の問題をめぐる争いを終え，杭州の総体の計画を出した。	杭州は観光業に転向し，一流の観光旅行都市を建設するという戦略目標を出した。
1993 年	国際観光旅行都市と国家級歴史文化名城	杭州市政府は改めて位置づけをした。それは国際的な観光旅行都市と国家的な歴史文化名城であり，揚子江三角州地区の重要な中心都市であり，浙江省政治経済文化の中心である。	1998 年，杭州は西湖博覧会を再開し始めた。2000 年以降，旅行西進，旅行国際化戦略を実施し，西湖・西渓・運河三大総合保護工程を実施し，東洋レジャーの都，生活品質の城，国際旅行総合体を作り出し……
1997 年11 月	東洋文化広場	中国文化ないし東洋文化で最も典型的な現象は杭州にいずれも目立つ表現がある。中国歴史文化名城論壇秘書長羅亜蒙がアドバイスした。	レジャー産業を発展する時，文化多様化の保護にも配慮を払う。
2000 年4 月	天国シリコンバレー	より早く都市の情報化を推し進め，都市の集積・輻射機能，総合的実力と国際的競争力を強めるため，杭州	情報サービス業，ソフト業，情報製造業を発展し，技術の新町，銭塘江南岸の杭州高新区を建設した。

		市政府は正式に「デジタル杭州を構築し，天国シリコンバレーを建設する」ことを新世紀初頭と今後一時期の「第一号の工程」にした。	杭州は第一期の九つの国家総合的電子情報産業基地の一つになる。
2001 年七夕前	愛情の都	杭州の自然資源条件，文化雰囲気，都市全体風貌に基づき，杭州市旅行委員会は，「白娘子の愛情の謎を解読し，世間で一番美しい気持ちを展開しよう。人間天国，愛情杭州」を宣伝のスローガンにし，その都市を天下の恋人の憧れの楽土にしようとした。	「愛情の都」は杭州の旅行ブランドとなり，白蛇伝と西湖・断橋・雷峰塔，梁山伯と祝英台の愛情物語と万松書院・長橋・双照橋を宣伝した。杭州市旅行委員会は新作『愛情の都』のため刊行記念式典を行った。国内外の観光客のため，西湖三大「恋人橋」即ち断橋・長橋・西泠橋を含める「杭州愛情浪漫の旅」という観光コースを出した。
2001 年11 月 13-15 日	レジャーの都	「2001 年中国レジャー論壇」において，杭州市政府は杭州を将来中国ないし世界の「レジャーの都」にすると公布した。	2002 年，西湖環湖南面景観区を建設し，雷峰塔を建て直した。西湖西進工程を建設し，西湖の全貌を回復した。西面でレジャーしようという概念を提唱し，ショッピングモールを開発し，「レジャー」を特質として，観光客を惹きつける。
2001年末	婦人服の都	杭州市委員会,市政府は「中国婦人服の都」を作るという目標を示した。五年間の努力を通して，杭州を中国婦人服の設計・製造・販売の中心と成し，「中国婦人服は杭州で見よう」というブランドを鳴らすとした。	杭州市政府は婦人服の産業のため特別に「一回選評，二園十街，二十箇条の政策特恵」の発展方針を立てた。そして，テレビファッションチャネル一つ，中国婦人服ネットワーク一つ，新聞コラム一つ，年中「秀甲西湖」連環シリーズ婦人服フ

			アッション披露会 60 回という宣伝ルーツを作った。
2002 年 3 月26日	会議展覧の都	「会議展覧の空母」と呼ばれる杭州西湖国際会議センターは杭州の江国家旅行リゾート区 7 号ゾーンに定礎した。杭州市計画局は，正式に展示会の都を作ろうと宣告した。	杭州の会議・展覧は「二主四副九会場」という局面になった。「二主」とは，杭州国際会議中心杭州蕭山錢江世紀城国際会議展覧センターと杭州西湖国際会議センターである。「四副」とは，浙江旅行展覧館，浙江工業展覧館，浙江農業展覧館といったプロな展覧会館及び西湖文化広場，浙江世界貿易センター展覧ホール，杭州国際会議展覧センター(杭州自動車城)。そして「九会場」とは，高新ソフト園会議展覧センター，浙江大学国際交流センター，浙江大学邵逸夫科学技術館，浙江省人民大会堂，浙江図書館，シャングリラホテル，五洲大酒店，望湖ホテル，ラディソンプラザである。
2004 年 1 月19日	香港を学ぶ	杭州市政府と香港特区政府は 2004 年 1 月 19 日に杭州で，実習交流のため両方互いに公務員を派遣することについての協議に調印した。市委員会常務委員会常務副市長盛継芳は杭州が香港の先進的経験を学ぶこととを示した。	香港に学び，杭州は地下豪華公衆トイレ，いわば杭州市東新路 3 号の公衆トイレを建設した。香港の交通に学び，香港の地下鉄についての経験を参考にした。香港空港管理局は蕭山国際空港第二期増築工事に参加することになる。金融・物流業の発展の方面から，香港を学び，香港との連携を強める。

2005年4月15日	中国茶都	杭州茶文化は歴史が長く内容が豊富である。第一回中国杭州西湖国際茶文化博覧会において，中国工程院院士，中国茶学会名誉理事長陳宗懋は開幕式で中国国際茶葉文化研究会など十か所の機構が杭州に「中国茶都」を授けるという決定を読み上げた。	茶産業，茶観光，茶文化を広げ，強め，全国的茶文化交流展示センター，茶産業教育訓練センター，茶葉情報センターを形成する。梅家塢「茶文化村」を宣伝する。一連の大型国際茶文化活動を行い，大型国際茶文化旅行祭，国際茶文化研究討論会を催す。
2005年6月	アニメの都	第一回中国国際アニメ・フェスティバルが杭州で開かれた機会を借り，杭州市政府はアニメ産業の発展計画の制定を速め，アニメ産業の集約化・規模化・現代化・国際化発展の方向を探索し，杭州を中国の「アニメの都」に作ろう。	中国国際化アニメ・フェスティバル組織委員会，中国国際アニメ・フェスティバル実行委員会を成立し，アニメ・フェスティバルの手配と指導を強めた。2005年6月第一回中国国際アニメ・フェスティバルから，杭州では既に四回の中国国際アニメ・フェスティバルを催した。
2007年1月8日	生活品質の城	2006年8月から，杭州市は特別に芸術界，文化界，社会学界と都市計画などの方面の人たちから構成される専門家グループを結成し，「杭州の都市ブランド」を象徴する活動を全国に展開した。社会意見聴取，専門家の審査と市民投票といった幾つかの段階を経て，全国20省（区，市）余りの約2,000名の参加者に提供された4,620項目から選び出した。	2007年1月8日，杭州都市ブランド披露表彰式では正式に「生活品質の城」を公布した。それは経済生活品質，文化生活品質，社会生活品質，環境生活品質という「五大品質」を含める。

		11 月 14—24 日，10 個の都市ブランド候補リスト，専門家グループの評価と得票を大衆に公布し，公開投票を受けた。	
2007 年8 月24日	東方のヴェニス	省委員会常務委員会，市委員会書記，市人民代表大会常務委員会主任王国平は，市中河道計画編制工作専題会議において，認識を統一し，指導を強め，「四高」方針を貫き，「河」についての仕事を善処し，市中河道の総合的な整備と保護開発工程を着実に進め，なるべく杭州市を「東方のヴェニス」に作ろう，と強調した。	『大運河（杭州段）旅行企画』で「The Great Wall in Beijing, the Grand Canal in Hangzhou」という観光スローガンを示した。運河の非物質文化遺産を動態的に反映する「運河文化ディズニー」，余杭三白潭湿地公園，三家村農業観光園といった体験産品を設計した。濃厚な民生的歴史街，香積寺仏教文化街，文化創意ゾーンを計画した。
2008 年5 月8日	ドバイ，杭州の手本である	市委員会書記王国平は，ドバイでの考察を通して，杭州市指導者ドバイ訓練項目総括会議において，「ドイツは杭州の手本であり」，我々が真面目に研究し，謙虚に学習し，杭州の新規の思想解放のため良い基礎を築こう，と指摘した。	ドバイの強い憂患意識・機会意識・発展意識を学び，ドバイに学びもっと多くの全国第一，国際第一を作る。ドバイの都市化建設のスピードを学び，従って工業化・情報化・市場化・国際化を連動させる。ドバイの国際化の考えを学び，杭州はすでに国際化戦略を始め，大部分の重点的工程が国内外に向かって設計方針の入札を募集している。

第6章　談話と貿易摩擦

　中国経済の台頭及びグローバル化の加速という状況に伴い，我が国の海外貿易は益々増える一方，貿易摩擦も多くなっている。特に目下の国際的経済危機において，情勢の悪化はエスカレートしている。

　国際貿易の紛争といえば，多くの学者は経済貿易問題であったり，法律問題であったり，あるいは外交問題であったりと思われたが，実にそのような観点はかなり一面的で，物事の本質的特徴を摑んでいないとも言える。

　中欧の貿易の紛争は実に，経済・政治・海外貿易・法律・文化といった諸要素が重なっているある種の談話現象であると思う。日常の言葉で言えば，異なる国家の商人とビジネス機関は喧嘩している。したがって，学科や文化に跨る学際的な研究体系を用い，それに対して全体的で系統的な研究を行う必要がある。

　しかし，談話現象として，もし実際の状況と需要からみれば，中欧の貿易摩擦の問題への認識と解決は，ただ伝統的テクスト構造分析の手法に頼るだけでは不十分だ。

　中欧の貿易の紛争に注目した目的は，「地元―グローブ」という視角や尺度を通して，中国，EUないし世界を助け，中国の貿易摩擦の談話の特徴を認識・理解し，貿易の葛藤を生んだり，維持したり，激化させたり，解消させたりする談話の要素を発掘し希望することにある。このような研究は，中国海外貿易の談話の効力を上げ，EUないし世界中の理解を受け，最後に中欧，中外の貿易摩擦を減らすことに資する，ことを願う。

　中欧の貿易摩擦談話は，複雑な現象である。本章の切口や問題の焦点は，中国側はいかに談話を運用するか，あるいはその談話の策略はどのようなものか，ということである。

　そこで，①中欧貿易摩擦談話についての理論・方法・問題意識の初歩的な

枠組みを提示したい。②貿易紛争の中で中欧両方の典型的な談話ケースへの研究を通して，その過程・形式・内容・結果・国際的なコンテクストの分析を含めて，中国側の談話策略を発掘し，「誰が話すか，何を話すか，いかに話すか，時間空間の把握はどうか，効果はどうか」といった問題に答え，その談話策略の良し悪しを評価してみたい。

　学科，文化，言語に跨るクロスオーバー的比較分析，弁証法的分析方法を採用しようとしている。それだけで，問題を全面的に確実に実質的に把握することができる。

　このような談話研究は，①国際貿易紛争の談話の特質と規律をよりはっきりと認識することに資する。したがって主流学科の志向に変化を起こすことが可能になる。②中国の今後の海外貿易の談話実践に積極的に意見を出すことができる。たとえば，双方的な貿易矛盾の回避・転化に関する談話策略を提供するなど。③国際社会が中国側の談話をよりよく理解することに資する。④最後に，海外貿易に類似するほかの貿易紛争問題に典型的な研究の枠組みを提供することができる。

海外貿易談話の基本理論の前提について

　貿易紛争談話を含む現代中国海外貿易談話について，以下のような前置きをしたい。

・現代中国の対外（欧）貿易談話，特に貿易紛争談話は，改革開放の後に生起されている現象であり，それは中国の政治・経済・社会の迅速な発展と緊密に繋がっている。

・EU の政治経済貿易状況は比較的発展しており，その国際貿易についての経験はかなり高いとされ，したがってその対外貿易の談話の有力さが見られる。

・貿易紛争の談話には異なる主体がある。政府，組合，企業，輸出入会社，弁護士などが含まれている。中国側は EU の共同団体だけではなく，時には異なる団体とも交流して協調する需要がある。

・貿易紛争談話は貿易・経済・法律・言語・文化・国際政治といった多重の要素が混ざり合う現象であるから，学際的研究を行う必要がある。たとえば，EU の裁判所に起訴するという現象を認識しようとすると，了解しておくべきことは，ⓐいつ起訴できるか，ⓑ誰が起訴できるか，ⓒ訴訟は企業にどのような結果をもたらしうるか，ということである。

・中国側の貿易（衝突）談話は海外貿易の相手と相互作用的であり，その相互作用の過程には異なる権力関係の現れ，及び文化の拮抗がある。明らかに，その時西洋の有力な政治経済的地位は影響力があるだろう。

・中国側の貿易（衝突）談話は同時に中国伝統文化と相互作用的であり。その伝統文化要素は儒家道徳に緊密に関わる「関係」「メンツ」，愛国主義精神などを含めて，創造的に再利用される可能がある。

・もちろん，中国側の言い方には特殊な言語特徴と語用的特徴があると思われる。調和均衡という語用道徳，言は意を尽くさずという語用規則，弁証法的論法等々，いずれも作用してくる。

中欧貿易の状況

中欧貿易の歴史と現状　　中欧貿易の歴史発展は中欧の政治関係，法律関係，並びにほかの経済関係に関わっている。①中欧は 1994 年に新しい相互政治対話の仕組みを築き，1998 年中欧政治対話は年一回の中欧指導者サミットフォーラムに発展した。中欧経済貿易関係の発展を促し，方向性を明らかにしている。②1978 年に中国と欧州共同体とは貿易協定を調印し，互いに最恵国待遇を与えた。1995 年以来，EU は相次いで「欧中関係長期政策」「EU 対中新戦略」「国家戦略ファイル 2002—2006」のような一連の重要な文書を発表し，中欧の間の交流と連携を強化している。③また，中欧は経済・技術・環境保護方面の関係も，中欧貿易の発展を促している。

　中国と欧州共同体と 1975 年に正式な国交を結んだ時，二国間貿易額は 24 億米ドルであったが，2008 年に 4,255.8 億米ドルまで上がってきた。2004 年，EU は我が国の最大の貿易相手となった（商務部：欧州連合は我が国

の最大の貿易相手と，『光明日報』2005/01/07, http://www.gmw.cn/content/2005-01/07/content_161529.htm）。2007 年，EU は我が国の最大の輸出先となった。（07 年欧州連合は我が国最大の貿易相手と，中国輸出貿易網，2008/01/11, http://www.cnexpnet.com/html/22/2008111143653.asp）。2008 年に，我が国の欧州への輸出額は 2,928.8 億米ドルとなり，輸出総額の 20.5％を占めた。欧州からの輸入は 1,327 億米ドルで，対欧黒字 1,601.8 億米ドルであった。

　　中欧貿易紛争の歴史と現状　　EU の対中国に対する貿易赤字の大体の傾向は，年々拡大している。1980 年代初め，EU 対我が国の貿易は黒字であったが，2005 年になったら貿易赤字は 1,316 億米ドルになった。それに対して，EU は中国産品に反ダンピングの活動を始めた。WTO の統計データによると，2008 年世界中の 40％の反ダンピング案件，70％の相殺関税案件は中国の輸出産品をねらいうちしている。「実際には，紡織産品，自動車部品，靴などの方面の中欧貿易紛争は，巨額赤字拡大の持続においてほんのエピソードにすぎない。益々頻繁になっていく貿易摩擦……〈これは貿易衝突の要因であり〉……」（中欧「靴政治」ゲーミング　勝利者なき貿易戦？　寧波北侖審計局網，2006/10/18, http*//www.blsjj.gov.cn/admin/newsfile/20061018859411013611.asp）。2006 年，EU は中国へ貿易救済措置を使用した回数の最も多い WTO メンバーになった。その中反ダンピング案件は 130 件を超えた（中欧初めて貿易救済について対話，新東方世紀経済報道，2007/04/02, http://www.51value.com/public/news_detail_0000000010001182c6.html）。2009 年 7 月，中国商務部部長・陳徳銘は「中国は言行一致で保護貿易主義を反対」という文章で，中国は保護貿易主義をするわけではなく，正に最大の被害者であろうかと提示した。

　　コンテクストの研究を行う際にはっきりとすべきなのは，我が国は発展途上国であること。2008 年 IMF が公布した 1 人当たり GDP ランキングによれば，中国は 104 位にあった。国連の標準によれば，中低収入国家の一人当たり収入は 799—2,990 米ドルであり，我が国の一人当たり収入は 3,000 米ドルを突破したとはいえ，地域間の差異が著しい。先進国の定義は様々あり，単純に GDP を計算する以外，教育・文化・経済・寿命といった各方面から総合的に決める要素（たとえば，人類発展指数〈Human Development

Index》）もある。したがって，中国は概して発展途上国である。このことは，中国は政治・経済・技術・法律・社会などの方面において EU を含める西洋国家と重要な差異があることを意味している。

　それと関わる指摘として，中国は最近（2001 年）世界貿易機関に加入したばかりであり，しかもその中の多くの法律と規則は欧米諸国に制定されたものである。したがって，我が国は認知の上でも人材の力の上でも先進国に比べればまだ追いついておらず，貿易紛争問題の処理において EU のようにスムーズに進んでいくわけではない。

海外貿易（衝突）談話の研究方法

　現代中国の談話研究のパラダイムを構築するに重要な目標の一つは方法論のイノベーションである。西洋の伝統的な談話分析方法は幾つかの理論と方法の概念，範疇から発足し，一段の話や文字に分析を行うのである。しかし，ここから探索しようとする方法革新の道とは，①現実の談話問題から発足し，②現実の談話事件と談話条件（研究に支えられるすべての材料と情報）から発足し，問題を有効に答える助けになるすべての方法と手法を運用し，問題を研究していく。

　本章で解決しようとする具体的な問題とは，中国側は EU との靴をめぐる貿易紛争で，いかに談話を運用したのかということである。大体の方法と手順は以下のようになる。

　(1)　まず，中欧両方各種のメディアのチャネルに提供された資料を通して，中欧革靴貿易摩擦の基本的な歴史過程を明らかにし，際立った事態の画期（紛争の発生，持続，拡大，転化あるいは消滅）を見つける。これにより中欧両方の談話材料を収集する助けになり，談話解析のための次のステップの情報を用意しておく。

　(2)　中欧貿易紛争の発生時間を歴史的手がかりとし，EU 側の談話材料を収集するとともに，中国側の談話材料を収集し，次のステップで中国側談話材料状況の背景とする。その中の各立場の談話材料はまた次の何種類かに分

けることができる。ⓐ政府談話　ⓑ組合・協会談話　ⓒ企業談話。

　⑶　一次資料に加えて，二次の情報資料を収集する必要もある。たとえば，第三者からの記事報道，評論文章など。これもまた中国側の談話策略をよりよく認識し評価する助けになる。

　資料分析では，実情から発足し，多元を結合するというストラテジーを提唱する。手元の材料と関わる情報に基づいて，東西の談話研究の方法と原則を運用しよう。たとえば，民族誌学（ethnography of speaking），社会学（sociology），コミュニケーション学（communication study）及び談話分析，語用論，修辞学といった学科の分析と評価の概念・理論・標準，並びに中国学術伝統で関わる理論・概念・手法・原則を用いる。

　異なる方法と原則を結びつけたことに加えて，分析と評価の基本的な角度はクロスカルチャーであるべきである。分析の基本的な問題は，誰が話している（話していない）か，何を話している（話していない）か，いかに表現しているか，いかなる社会関係を築くか，時間空間の把握はどのようなことか，文化関係の把握はどのようなことか，いかなる影響を起こすか，ということである。具体的にいえば，分析と評価の問題は以下のような様々な方面で展開することができる。

1．声を上げた中国側の組織と人物。出すべきであったのに出さなかった組織と人物。数量と時間分布の状況。彼らの相互関係。

2．中国側の談話内容，特に立場とはどのようなものであるか，その立場の根拠や理由とはいかなるものか。主題にふさわしいかどうか，さらに，新話題を出したかどうか。いかに自分と相手との関係を述べたのか。

3．表現の形式はどう（直接的であったり，間接的であったり，相談的であったり，あるいは示威的であったりなど）であるか。彼らはどのようにに衝突し，いかにそれを解決するか。

4．談話の媒介の形式はどうであるか。たとえば，報道か，評論か，インタビューか，サイトか，背景説明か，あるいは報道官の発言か，何らかの出版物か，法律書類か等々。

5. 反応に対するレスポンスの早さはどうであるか。

6. 双方が談話のインターアクションによって形成した社会文化関係はどうであるか。

7. 中国側のいかなる談話条件が，EU 側にいかなる変化を生み出すか。

8. 中国側の談話は中国歴史文化にどのような作用を引き起こしたか。

9. 中国側の EU との貿易摩擦についての談話を発掘した後，我らは今後の談話を指導するため，それに評判を加える必要がある。さらに，ほかの貿易相手との紛争に対しても参考になるかもしれない。基本的な出発点とは，ⓐ貿易は win-win であること，ⓑ漸進的に交渉すること，ⓒ人類の調和であること，ということである。これらは中国に限らず世界の共通認識である。したがって，中国側の各団体の異なる性質に基づいて，彼らの摩擦過程で表現してきた談話の特徴／策略を評価する。

10. 中国の談話をとって，この研究では自分を唯一の適正な裁判官と見なしてはいけない。逆に，相互に批評したり対話したりする対象と主体にすべきである。とりわけ人格の上では，自分を人並み以上の裁判官と見なさずに，はっきりとした標準をもって談話実践活動を考量すべきである。

　要するに，中国の貿易紛争談話を分析し判断することによって，中国貿易談話能力を上げ，EU 及びほかの貿易相手に中国についての一層の理解を促す。したがって，問題を研究し解決するための実際的な方法は必要であろう。実際の状況に応じたふさわしい有効な方法を見出したり，創造したりしなければならない。

中欧靴類貿易摩擦の過程

　2005 年に起こった中欧靴類貿易紛争は EU 成立から 10 年間，扱われた最も大きな反ダンピング案件である。2005 年には，中欧の WTO 加入協議に基づいて EU は中国の靴類産品に対して 10 年にわたる割当制限を取り消

し，しかも輸入関税を下げた。中国の靴の輸出はそれで激増していた。EU
側の統計データによると，2005 年に中国製の靴は EU の靴市場の半分を占
め，12.5 億足になった。その中で反ダンピングの措置に関わる靴は 1.74 億
足であった。また EU によると，2001 年から 2005 年まで，中国の靴の EU
への輸出は 9 倍に増え，2005 年は 2004 年に比べれば 3.5 倍増えた。1998
年から 2004 年まで，EU の革靴の生産能力はすでに 11 億足から 7 億足ま
で下がった。2004 年 12 月に，イタリア製靴協会は EU へ上訴し，中国製
の靴に反ダンピング調査を行うことを要求し，それからは「反ダンピング」
「非市場経済地位」をめぐる靴類紛争の幕が切って落とされた。EU の制裁は
1,200 社余りの中国製靴企業に波及し，400 万人余りの雇用に影響を与えた。
以下の表 3 に具体的な紛争状況を示してある。

表 3

時間	事件	中国側の EU への直接的で公開的な反応
2004 年 9 月 16 ～ 23 日	スペインのエルチェ市で 1 千万ユーロ円余りに相当する中国の靴を焼き，中国商人をねらいとするデモ行進を起こした。	外交部長アシスタントは 9 月 24 日にスペイン大使館に赴いた。スペイン政府に直ちに調査をし，暴力行為者を罰することを要求した。
2005 年 2 月 1 日	中国が WTO に加入し（2001 年），靴類の割当が満期になった後，EU は期間を 1 年とする「事前輸入許可監視」制度を立てた。	
2005 年 11 月 7 日	EU は中国原産の安全靴と革靴について，個々に反ダンピング調査を行うことにした。調査期間は 2004 年 4 月 1 日から 2005 年 3 月 31 日まで。	商務部長は「小さな利益のせいで和睦を害しないでほしい」と述べた。11 月 12 日に北京で「中欧靴製造業提携論壇」が催された。

2006 年 1 月 12（19）日	EU は 13 社の中国製靴企業を「市場経済地位」を与えないことを決めた	
2006 年 2 月 23 日	EU は 4 月 7 日から中国革靴に対して初期反ダンピング税を徴収し始め，6 カ月間 4 ％から次第に 19.4 ％まで上げるという計画を発表した。	商務部スポークスマン崇泉は EU が革靴反ダンピングの仮決定を公布した件につき，意見を述べた。3 月 12 日に，革靴企業は「反ダンピング対応連盟」を成立した。
2006 年 7 月 7 日	EU は中国革靴反ダンピング調査の最終裁定につき，文書を開示した。	
2006 年 10 月 5 日	EU が最終裁定を出した。加盟の 25 カ国は反対 12 票，賛成 13 票ということで，10 月 7 日から，徴税 16.5 ％，2 年を期間とする。これは中欧の間で最大の反ダンピング案件であり，1,200 社余りの企業，400 万人の社員が巻き込まれた。	
2006 年 12 月 7 日	EU は上訴期間を閉めた。	中国 1,200 社企業の中での 14 社は上訴した。
2008 年 11 月	EU は中国から輸入される革靴と子供靴へ 16.5 ％の反ダンピング税を徴収する期間を 2 年から更に 12—15 カ月延長することを宣布した，	
2009 年 1 月	EU は反ダンピング「日没再審」調査を起こした。	商務部スポークスマンは 3 日に，中国側は EU が中国の革靴に反ダンピング「日没再審」調査を起こしたの

		に対して，遺憾の意を表し，中国政府は EU 側がいかなる形式であってもその措置を延長することに反対する。

貿易紛争談話の策略の分析と評価

　理論・方法を用いて，基本的な背景資料を把握した後，中国側の談話の特徴を具体的に分析し評価しよう。すなわち，以上に言及した談話の仕組み，秩序，内容，形式等々。それらはある機能と効果を持つために談話策略とも総称されている。以下に引用したテクストの中で，はっきりとしなかった策略を明らかにするためには，下線で標記し，筆者によって添えられる情報は【　】で標記する。

参加者と参加関係：各レベルの政府・組合，企業，弁護士

　前にも述べたが，談話研究の一つの重要な問題とは，誰が話しているか，誰が話していないか，誰が受け手であるかというのである。各種の間接的なメディアから捉えられたのは，中国側は異なるレベル，異なる性質の組織，団体，人物が，靴業界が EU の反ダンピング調査と反ダンピング税の徴収に対応する活動に参加したり，導いたり，進めたりしていた。以下の材料から，外交部，商務部，省経済貿易庁，市政府，組合と協会，企業がその事件で発揮した作用と見られる。しかし，ここで指摘すべきなのは，各立場から収集した材料と情報から見ると，主動的な参加者は主に商務部の責任者と組合の責任者であり，企業からの（参加の）数量はきわめて少ないし，声を上げたのは主に何名かの企業指導者であり，法曹界からは更に少ない，ということである。つまり参加者の「社会秩序」（発話者と受け手の社会地位の構造関係）から見れば，政府・組合のリーダーは企業より，発話した場合が多い。それと関係して，これらの発話者は主に内部に向かうのであり，外部あるいは EU に向かうのではない。つまり，EU の談話の状況に比べれば，中国に現れ

た談話主体はまだ力が弱い。

Chinese Assistant Foreign Minister Shen Guofang called in the Spanish ambassador to China Thursday after violence against Chinese shoe shops in Spain's Elche City. Shen urged the Spanish Government to take concrete measures to fully investigate the case immediately and punish those involved, according to a Chinese foreign ministry source.(China urges Spain to punish arsonist. China Daily site, 2004-09-24, http://www.chinadaily.com.cn/english/doc/2004-09/24/content_377260.htm)

靴製造関係者 200 人余りが会議に参加した。会議で温州市人民政府・陳宏峰副市長は歓迎の挨拶をし，商務部公平貿易局・王世春局長は発言をし，わが会の【中国軽工業工芸輸出入商会】欒春生副会長は中欧靴貿易の状況と衝突の背景について紹介をし，浙江省対外経済貿易庁・金永輝副庁長，中国皮革工業協会・張淑華副理事長も会議で発言をした。浙江賽納集団取締役会長も案件に巻き込まれた企業の代表として発言をし，積極的に応訴する方針を示した。（わが会は安全靴と革靴反ダンピング訴訟対応会議を主催した，中華人民共和国商務部サイト，2005/07/14, http://www.mofeom.gov.en/aarticle/o/de/200507/20050700165384.html）

EU は 2006 年 4 月 7 日から四つの時期に分け，我が国から輸入される革靴に対して，臨時反ダンピング税を徴収することを正式発表した。EU 反ダンピング事件に現れた新状況を積極的に扱うために，2 月 28 日午後，安徽省商務庁は合肥市で一部の輸出入企業の EU 革靴反ダンピングへの対応座談会を催した。省軽工，省技術，安糧国際，省服装，合肥正谷，美邦国際など十社余りの輸出入企業は会議に参加した。会議で，わが庁公平貿易局は輸出入企業に，EU が革靴に対して時期分け反ダンピング税を徴収することについて一次情報を伝え，今回の反ダンピングで免税可能の産品リストを提供し，企業の最近の輸出計画を認知し，四つの税率段階の輸出予定について相談した。【安徽省商務庁】は部分企業座談会を開催，EU 革靴反ダンピング対応活動を緊急に手配，安徽省商務庁サイト，2006/03/02, http://www.mofeom.gov.cn/aarticle/defang/anhui/200603/20060301618208.html）

蒲凌塵【弁護士】：日没再審は，中国靴企業にとって逆転のチャンスだ。唯一のチャンス。希望しないことは，チャンスを捨て現実を避けるに等しい。しかし法律は避けられないものだ。（中欧靴戦，「逆転」の希望は靴企業の結束の対応にある『中国商報』2008/10/21, http://press.idoican.com.cn/detail/articles/2008102151891）

　また指摘したいのは，上の事件発展表から見れば，相当の一部に中国側は「欠席」であり，何らかの公共的な反応も出さなかったということである。

解釈：「誤解」か，「保護貿易主義」か，または責任は当方にもあるのか

　貿易紛争の性質，相手の動機，相手の環境に対する認識と説明は，自分の次の行動に影響を及ぼす可能性はあり，相手の行動を左右する可能性もある。もし保護貿易をもたらした行為を，当方の引き起こした行為と見なし，述べるならば，衝突事件の保護貿易の性質は変えにくい。収集したデータと情報を見れば，なぜ EU は反ダンピングをしたのか，なぜ中国に「市場経済地位」認定を拒否したのかという問題に対して，多くの組織，機構は EU の「保護貿易主義」の結果と考えたが，その問題を相手の「誤解」あるいは当方の弱点（たとえばローエンドの産品を作って売ること）と考えた重要な人物もいる。後者のこのような解釈的な談話（Shi-xu 1997）は保護貿易主義の動機とその行為，さらにその文化覇権の性質の認識を無視し，したがって我が国の保護貿易の行為への対応の準備と活動を弱めたりする可能性がある。

　　EU はまだ中国の完全な市場経済的な地位を認めず，「非市場経済地位」問題は中国の案件に関係する企業と産品に対して，明らかに差別的なファクターとなっている。それを利用して，EU はたやすく中国企業にかなり高い反ダンピング税率まで裁定し，したがって中国産品の輸入量を直接に制限したり，あるいは中国自身が割当を調整し産品輸出を制限するように迫ったりする目的を果たし，「ポスト割当時代」の曙光を見たばかりの中国製靴企業をもう一回の割当貿易ゲームに引き戻している。（「足」に生じる波瀾──中欧靴反ダンピング戦再開，『時代経貿雑誌』2006 年第三号，http://www.bjwto.gov.cn/etu/newshtml/01/20060704101333.asp）

　　中国靴産業にはいわゆる「低価融資」「税収減免」などの現象があるという，EU 方面からの非難を言及した時，商務部輸出入公平貿易局局長の王世春は，EU 側の中国靴業界についての非難は反ダンピングと関係がなく，その中に誤解が多くある，と話した。（EU の中国革靴反ダンピング仮決定は事実に合わぬ，新 華 網，2009/01/19，http://www.chinanews.com.cn/cj/gncj/news/2009/01-19/1534134.shtml）

　　温州康奈集団のリーダー陳氏は，「20 世紀 70 年代アメリカのデトロイト

の労働者も日本の豊田自動車を敵視していた。今回の事件は中国の企業の注意を些か喚起したはずだ。すなわち，科学技術的内容とブランド競争力にもっと工夫を凝らして，数量や低価で勝つのではなくて，（これで相手を追い払おうとしても追い払らえない）」と記者に示した。（中国対外貿易摩擦激化　3ユーロ円に引き起こされた温州靴放火事件），『亜太経済時報』2004/10/06，http://biz.163.com/41006/8/1211E1NA00020QC3.html)

反対：EU の行為を批評 /EU を口説き決定を逆転させ

　EU 反ダンピング調整，微税，「市場経済」認定の拒否への不満を示すために，EU の計画や決定を逆転させるために，中国，特に政府は不快を表し，相手の不公正を暴き，瑕疵のないことを指摘してから，win-win の先行き，相手の肯定，当方の知恵を明らかにするまで，様々な弁論術を使っている。

　相手の行為の不実 / 不合理 / 不公正 / 非合法 / 不適切 / 無益 / 不道徳を指摘した。その中で最も主要な反対は談話内容を，中国側の不快あるいは冤罪，相手の誤り，相手の非合法性，双方への不利な影響等々をめぐらせて展開した。

　　商務部スポークスマン崇泉は 24 日に EU が革靴反ダンピング案件の仮決定を公布した件につき，意見を述べた。EU が中国革靴へ臨時反ダンピング税を徴収するとは根拠のないことだと考え，それに対して不満を示す……崇泉は，「周知のように，靴製造業は労働集約型の産業であり，中国は労働コストが低いから，この業種に比較的優勢である。中国革靴の EU への輸出はダンピングなどしていない。EU の非難には根拠がない。中国靴類産品の EU への輸出は長い間 EU の不公正な割当制限を受けている。EU は中国が WTO に加入した時の約束に迫られ，2005 年 1 月 1 日に割当管理を取り消した。しかし，僅か一年余りの後に EU は慌てて中国の革靴に反ダンピング措置を取った。明らかに保護主義の色彩を帯びていて，現在 WTO ドーハ・ラウンド貿易自由化の大潮流にまったく一致せず，EU 全体の利益にも合わない。さらに，EU 内部の一部の主要加盟国も EU のやり方に公然と反対した」と語った。崇泉は，「EU 側は今回の案件の調査にまだ多くの問題があり，特に市場経済地位待遇の裁決問題に客観性・公正性を欠くこと。革靴業界は中国で市場化程度の最も高い業界の一つであり，98％の企業は民営や外資企業である。しかし，EU 側はこの事実を無視し，応訴のすべての中国企業の市場経済待遇を否定し，

そして反ダンピング税を徴収する予定である。それは，明らかに差別であり，公平貿易の原則を違反した」と語った。崇泉は，「中国側は，EU 側が応訴の中国企業を公平に扱い，改めて今回の案件に全面的で合理的な分析と評価を行い，したがって WTO 規則にふさわしい裁決を出し，中欧靴類貿易の正常な秩序ある発展を確保することを要求する」と示した。(EU のわが革靴に臨時反ダンピング税を徴収することには根拠不足＝商務部，新華網，2006/03/01，http://www.mofeom.gov.cn/aarticle/difang/Shandong/200603/20060301611970.html)

　2006 年 3 月 23 日に，EU 委員会は正式に中国革靴反ダンピング案件の仮決定に基づく徴税案を通し，中国側はそれに対して不満を示した。中国靴類輸出産品はダンピング行為がなく，EU の産業に何らかの実質的な損害も与えていない。EU は案件に巻き込まれたすべての中国企業の市場経済地位と審理分離待遇の申請を拒否したことは，明らかに差別である。判決は案件に関連するすべての企業に対して統一した税率を実行し，このようなやり方は事実と法的根拠を欠き，公平貿易の原則を違反した。中国側は EU 側と度々交渉したが，EU 側は相手にせず，依然として中国革靴輸出産品への徴税案を通した。中国業界はそれに対して強烈な不満を示す。(中国靴類輸出産品にはダンピング行為なし＝商務部，『人民日報』2006/03/25，http://finance.people.com.cn/GB/4236425.html)

　高氏（【中国商務部副部長・高虎城】）は，「EU はもし懲罰関税を実施するなら，中国の 1,257 社の靴類輸出者に影響を与えるのみならず，ヨーロッパ靴類企業 478 社，ヨーロッパ機械供給企業数社か，対中輸出 1 年 6 億米ドルに達したヨーロッパの皮革生産者にも損害をもたらすことになる。もちろん，最も影響を受けるのは，消費者だ」と示した。EU は 4 月 7 日前に，反ダンピング関税の実施を建議するかどうかにつき，決定を出さなければならない。高氏は「中国側はヨーロッパの消費者に一つの明確な情報を伝えたい。中国はヨーロッパの工業に実質的損害を与えておらず，逆に中国はより安く，より善い靴類の選択を提供している」と示した。中国はすでに EU 反ダンピング措置の制裁を 50 回受けた。しかし，高氏は「中国は靴類関税の行動を反対するが，EU が続々反ダンピング調査を増やすことに対して不快に感じるわけではない。それも，去年中国紡織産品輸出の激増をめぐる争いと｛全然同じではない｝」と固く主張した。(EU は我が靴市場経済地位を否決　反ダンピング税を徴収される可能性は増える，中国金融網，2006/01/13，http://www.zgjrw.com/News/2006113/Main/861137448200.html)

　商務部輸出入公平貿易局局長・王世春は 9 日に，「EU が 2 月 23 日に公布した革靴反ダンピング案件の仮決定は事実の根拠と法的基礎を欠き，中国革靴の対欧輸出にはダンピング行為がけっしてない……」と示した。この紹介

より，今回の案件で EU 側にサンプルとして抽出された企業 13 社はみな民営や外資企業であり，彼らは市場経済待遇の 5 つの標準にぴったり合う。今回の案件の中で中国側の応訴した企業は 130 社余りあり，その中で 90％は抽出されていない。つまり彼らは市場経済待遇を剥奪され，しかも何らかの解釈を得なかった。王世春は，「EU 側が中国革靴全業界に統一した税を徴収することは法律と事実の根拠を欠く」と語った。今回の案件に関わる革靴は納税者番号 33 個の多きに達し，これらの産品は等級・価格などの方面に大きな差異がある。しかし，EU 側はマーケットによって細かく区分せず，中国革靴全業界に統一した税を徴収することは，明らかに事実に合わない」。王氏は，「EU 反ダンピング基本法に基づき，中国の応訴企業は市場経済アンケートを提出し，同時に審理分離待遇を申請したが，未だに EU 側の関係者の返信を受け取るのは 1 社もない」と語った。同時に，彼は「中国は EU が特殊技術運動靴（STAF）と子供靴を措置から排除することに対して，歓迎を示す。ただし同時に，EU はすべて関連する技術要求を満たしたすべての STAF 産品を排除し，子供靴の排除範囲を拡大することを要求する」と示した。（EU の中国革靴反ダンピング案件についての仮決定は事実に合わない，新華網，2006/03/09，http://www.china.com.cn/chinese/2006/Mar/1148885.htm）

中国商務部公平貿易局副局長・王受文も，「ダンピングとはコストより低い価格で産品を売ることだ。贅沢な行為の一種だ。力強い大手企業だけは，長期にわたって低コストを持ち堪える。中国の製靴企業は基本的に中小企業で，長期低コストで EU 消費者に補助するとは有り得ない。だから，中国輸出の靴，その利潤は国内より高い。ダンピングなんかない」と述べた。（中欧靴戦前の民間和解路線図，『経済観察報』2005/11/13，http://www.gutx.com/news/jryw/151809.htm）

「EU の角度から見ても中国の角度から見ても，EU が中国の靴に反ダンピング措置を取るのは，賢明なやり方だと考えられない」と，奥康集団代表の周威は続いて例を上げてこう言った。「スペインの製靴企業は 200 人以上の規模を有するのが僅か。現在中国製靴従業者は 200 万人余りに達し，奥康一社だけには 15000 人がいる。ただ靴の反ダンピングだって，数百万人の雇用に影響を及ぼす問題だ。EU にとって，影響は更に大きい。反ダンピングは直接に EU 加盟国の仕入れ，消費者たちのコストを高めるのだ。特に EU の製靴関係の川上・川下産業，たとえば製靴機械生産企業，彼らは世界製靴第一大国中国の市場を失われてしまう」。（中欧は貿易救済についての初対話，『大経貿』2007年第 5 号，http://qkzz.net/magazine/1671-1173/2007/05/683852_2.htm）

彼は「経済グローバル化の影響の下で，世界中各産業の「大分業」は既に新たな局面になった。産業重心のシフトはすでに一般的な現象になった。各

国は世界経済一体化の角度から問題を分析し，自身の産業転換とイノベーションにある問題を考えることだ。ひたすらに外部原因を探り，あるいは非市場の手段を使って干渉したり保護したりするべきではない」と語った。（EUは全世界靴業界の発展から中欧現状を取り扱うべきだ，金羊網，2007/04/05，http://www.ycwb.com/myjjb/2007-04/05/content_143907.htm）

　相手の肯定の声の助けを借りる。相手を反対するもう一つの手段は，相手の内部の中で当方を認める要素を指摘するのである。それは当方によって指摘され，示されてもよいし，以上の最後の例で相手の行動が自身に損害を及ぼすところを言及したように，当方を肯定する声と見なしてもよい。例は以下の通りである。

　　カルフール，オーシャンといったヨーロッパの重要な小売企業を代表とする「対外貿易連合会」の法律顧問ニューマンは，「EU は昨年中国靴類製品に反ダンピング調査を実施し始めて以来，〈対外貿易連合会〉はずっと EU 委員会，欧州議会と各加盟国に，自分の関心を伝え，EU の決定者に忠告を与えている。たとえば，中国の靴類製品に高額の反ダンピング税を徴収することは，EU がずっと提唱している自由貿易の原則に反し，関連する産業の構造調整に不利であり，而も EU の小売商と消費者に巨大な損失をもたらす」と，記者に語った。（EU 反ダンピングに　中国靴「反増税派」は肝心なところに圧力を加える，『第一財経日報』2006/02/22，http://finace.qq.com/a/20060222/00757.htm）

　　商務部スポークスマンによると，EU が 2006 年 10 月から中国革靴に取っている反ダンピング措置は十分な法律と事実基礎を欠き，かつて EU 内部で大きな論争が引き起こされた。最終裁定の時，EU 委員会はまさに内部の強烈な反対の声に考慮を払ったから，したがって反ダンピング措置の期間を一般の 5 年から 2 年へ改めた。2 年の後に措置が終わるはずだ。……商務部スポークスマンは，「我々が気付いたのは，EU の輸入業者，小売商と大部分の加盟国がその案件の反ダンピング措置を延長し続けることに反対し，これも EU 内部が靴類製品の正常貿易の回復を要求するという強烈な願望を反映している」とした。（商務部スポークスマンは EU が中国革靴反ダンピングに日没再審を起こすことに遺憾の意を表す，新浪網，2008/10/03）

　中国文化の知恵と道徳の助けを借りる。相手の行為に反対する理由と，相

手を説得して行為を変えさせる理由の面で，中国側は中国文化の中の知恵と
道徳を運用することもある。それで我らの中国文化の原則を表すし，文化新
思想をもって相手に影響を与えることができるかもしれない。

　　ヒアリングで陳国栄【温州東芸靴業有限公司取締役長】は，「中国にはこう
いう諺がある。「一人を殴って泣かせて，（もう）一人をすかして笑わせる」。
しかし，EU は中国靴に反ダンピング措置を行うのは，「三人を殴って泣かせ
たが，一人の機嫌も取らなかった」……，EU は中国靴に反ダンピング措置を
取っても，EU の多くの製靴業者も笑えないだろう」と語った。（中国靴企業
熱く激しい論議：EU に害なし，『東方早報』2005/12/03, http://www.news365.
com.cn/wxpd/caijing/cjyw/t20051230_776225.htm）
　　中国商務部部長・薄熙来は，第 20 回中国—EU 経済貿易合同委員会に参加し
た時，「靴類貿易は中欧貿易総額の 2 ％未満を占める，それだけの貿易利益が
あるので，和睦を害しないでほしい」と述べた。（中欧靴戦前の民間和解路線図，
『経済観察報』2005/11/13, http://www.gutx.com/news/jryw/151809.htm）
　　奥康集団総裁・王振滔は，「協力すれば，win-win になるが，しないと両損
になる。我々と EU は食うか食われるかの関係ではない，共同の利益はたく
さんある。交流を深めるのは，双方とも受け入れる解決策を見つけ出すこと
に有利だ」とした。（温州靴業は EU 反ダンピングを挑戦　フェニックスの再生
のような機会，『商務週刊』2006/05/26, teep://www.mysteel.com/gc/gnscfx/
gdrd/2006/05/26/000000,0,0108,647060.html）

　win-win の道を示す。中国側は win-win の可能性や見込みを描くだけでな
く，明確な条件，基礎や出発点を提示する。よって相手の認識や決定を変え，
win-win の道を一つ提供する。

　　劉建超【中国外交部スポークスマン】は，「中国と EH は全面的戦略連携パ
ートナーだ。双方が発展すべきで，各方面の連携も順調だ。双方の関係は今
の程度まで発展してきて，発展の過程には必ずあれやこれやの食い違いが出
るだろう。経済貿易，イデオロギーなどの領域の食い違いを含めて。わたく
しは，双方が平等で素直な態度をもってそれらの食い違いを扱うことが完全
にできると考える。たとえば，最近双方は紡績品貿易問題につき，協議をま
とめあげた。双方は中欧関係の大局から出発し，平等の基礎の上に素直な態
度で扱う限り，いかに複雑な問題でもすべて解決しうる」とした。（劉建超

「中国は協議で中欧靴類貿易紛争を解決することを望む，靴業在線，2005/06/
18，http://shoes.clii.com.cn/news/show.asp?InfoName=&ShowID=29532」）

　　彼【商務部スポークスマン】は「EU の靴類産業は長期にわたる割当保護を
経たのに加えて，過去二年間の反ダンピング措置のため，産業構造の調整が
出来上がった。今 EU の産業の各指標は好調だし，対外輸出も勢いがある。
つまり EU の産業はちゃんと競争力を持っていて，もはや保護する必要がない。
EU の産業は全世界の供給連鎖管理の中で，追々ハイエンド市場と研究・開発・
デザインのイノベーションに向かってゆく。中国の産業とは直接の競争がなく，
対中の反ダンピングを続けるのは意味がない。(商務部スポークスマンは EU が中
国革靴に反ダンピング日没再審を起こすことに遺憾の意を表す，新浪網，2008 年
10 月 03 日，http://news.sina.com.con/o/2008-10-03/202214525733s.shtml）

　　実は中国が近年 EU から，特にイタリアとスペインから輸入する革靴はず
っと上昇傾向にある。少なくないイタリアやスペインの銘柄品は中国企業と
の連携が順調で，中国のハイエンド消費市場に良質な産品を提供している。
つまり EU の製靴産業はちゃんとした競争力を持っていて，貿易摩擦の手
段を使用し続ける必要がない。したがって，EU のその決定も意味がない。
（中国皮革協会は EU がわけもなく反ダンピング措置を延長することにかたく反
対，中国紡績網，2008/10/6，http://www.texindex.com.cn/Articles/2008-10-
6/160038.html）

　　次の行動を暗示する。当方は相手に圧力や威嚇をされた時，前からも見ら
れるが，一部の企業や組合の運営者は抗弁の決心と理由を提示した。中国政
府側，たとえば商務部は，不満を示したと同時に，相応の行動を取る可能性
を暗示していた。

　　前日，商務部スポークスマン・崇泉は，「中国は，EU がついに中国産革靴
に反ダンピング関税の徴収を決定したのに対して，不満を感じる。中国側は
相応の措置を取る権利を留保する」と示した。彼は商務部のウェブサイトに
掲示された声明の中で，「中国側は，EU がこの案件の立件，調査と裁決の過
程中に，WTO の規則と EU の反ダンピング法に合わない法律的欠陥が多くあ
ったと思う。中国は事態の更なる発展を密接に注視して評価する」と指摘し
た。（中欧革靴の争い　奇異な政治ゲーム，金羊網―新快報　2006/10/09，
http://finance.sina.com.cn/roll/20061009/0959963248.shtml）

　　中国商務副部長・高虎城は，ブリュッセルで三日間の談判をした後，「EU
に示された，中国靴類輸出を制限する法律主張と事実根拠には「深刻な欠陥」

がある」と示した。彼は EU がその類の関税を実施しないと判断した。ただし，「もし必要があれば，中国政府は WTO の紛争解決機構で自分の利益を守ろうという心構えがある」とも示した。（EU は我が靴市場経済地位を否決 反ダンピング税を徴収される可能性は増える，中国金融網，2006/01/13，http://www.zgjrw.com/News/2006113/Main/861137448200.html）

　しかしながら，指摘すべきなのは，中国企業が抗弁しようと，あるいは政府が EU と協議しようということを示した以外，中国側は，EU にどのような具体的な対応行動を取るのか（「どのような手札を握っているのか」）をあまり示してこなかった。通時的に見れば，当方は不満を示したとはいえ，一部の企業が抗弁に参加した以外，EU に匹敵するほかの行動を適当に取っていない。

困難を乗り越える（1）

　弁証法的に認識する。当方は EU に貿易挑戦された時，いかに貿易関係の性質と貿易戦の結果を取り扱うかといった問題は，苦境を脱し次の一手を考える基礎である。中国人はつねに中国文化の典型的な思考法で問題を解決する。すなわち，弁証法的思考，物事の二面性と変化性を見ること。したがって，焦慮を晴らし，進取に励み，相手と連合する。

　　　王振滔【奥康集団総裁】は……「はっきりとした一点は，この訴訟の勝負に関わらず，中国製靴業にとって，負けても勝ちでもあり，勝ったら更に勝ちだ。もし我らは勝っても，EU も負けていない。彼らはもう二年間徴税していたから。中国企業はそれで次の五年（の徴税）を取り消される可能性もある。負けたとしても，その中からいっぱい学んでくる。たとえ EU が来なかったとしても，ほかの国も来るだろう。何と言っても中国は WTO 加盟の時間がまだ長くないから，国際の「ゲームルール」をよく把握していない。今回は負けたとしても，次にほかの国が来るなら，せめてやり方を知った上でだ。だから，目を二年後に向けよう」と語った。（中国靴企業は EU 反ダンピングに勇敢に反訴，『中関村』2007/01/08，http://www.evalley.com.cn/zgc/web/search/article.jsp?aid=2838）

困難を乗り越える（2）

　抗弁を支え，連合して応対する。いかに EU の反ダンピング調査，「市場
経済地位」の否定，反ダンピング税の徴収に対応するかという問題において，
もし中国側の異なる団体・機構の談話内容を比較してみれば，政府・業界・
少数大手企業は似ている声を出していたところに気がつくであろう。すなわ
ち，状況を通報し，応訴を支持すること。

　　　中国革靴協会の責任者は，「輸出企業の遭う困難は以下の幾つかの方面に出
　　るかもしれない。輸入国は輸出産品に対して不合理な法律・規定と産品標準
　　を設置したり，通関手続き・港湾倉庫入庫・課金などの面で不合理に待遇を
　　与えたりする。同時に，輸出企業はこの 1 年間，輸入原材料の値上がり状況
　　（リストで説明可）及び産品が運送，通関において，費用増加にあれば協会に
　　報告も可。中国革靴協会緊急応対組に報告しようとするすべての意見とアド
　　バイスは書面にすべきだ。電話 010—85113971。了解したところによると，
　　EU のこの「事前輸入許可監視」という手段の実施は，我が国の靴類産品輸出
　　に重大な影響を与えることになる。特に輸出数量，通関手続き，貨物滞留な
　　どの方面に巨大な抵抗が生じる。その措置の実施は実に，また中国靴類産品
　　により厳しい制限を加えるウォーミングアップだ」と示した。（EU は中国靴
　　に事前輸入許可監視を実施，『京華時報』2005/02/06，http://www.beelink.
　　com/20050206/1782323.shtml）（我が国の靴類産品はスペインで監視され　華
　　商協会は進展に注目）

　2008 年には，「日没再審」の段階に入り，異なる性質の組織と異なるレ
ベルの組織は一致して声を上げた。

　　　商務部公平貿易処の責任者は「ただいま企業は既に「日没再審」の段階に
　　入り，これは挑戦であり機会でもある。企業は積極的に連合し，反ダンピン
　　グ「日没再審」の応訴に加担しよう」とはっきり示した。（中欧靴戦「逆転」
　　の希望は靴企業の結束の対応にある，紡績資源，2008/10/18，http://info.
　　china.alibaba.com/news/detail/v0-d1003156296.html）
　　　広東省外対外経済貿易庁公平貿易局局長の陳立鵬は，「今回の「日没再審」
　　には多くの不確実性がある。今まで EU は反ダンピング案件においてやり方
　　が変化しやすく予測できないから。とはいえ，応訴しない企業はまずい。応

訴しないと，「非協力的企業」と見なされ，また再審の結果が不利になったら，最も厳重な懲罰関税を課されることになるから」と率直に語った。陳立鵬は，「2年前，広東の主要な靴企業7社が立てたEU反ダンピング対応連盟はまた存在していて，今回も，連盟の姿で共に運動する」と話した。(中欧靴戦「逆転」の希望は靴企業の結束の対応にある，紡績資源，2008/10/18, http://info.china.alibaba.com/news/detail/v0-d1003156296.html)

　温州市革靴協会秘書長・謝榕芳は，「我々の目標は，皆さんに反ダンピングの最新情報を伝えて，同時により多くの靴企業の反ダンピングへの参加を希望する」と語った。「……日没再審に関して，業界には「日がずっと落ちていない」という揶揄があった。しかし今回の目標は，落とす」。(中欧靴戦「逆転」の希望は靴企業の結束の対応にある，紡績資源，2008/10/18, http://info.china.alibaba.com/news/detail/v0-d1003156296.html)

　中国靴企業の日没再審を扱う弁護士の主要代表としての蒲凌塵は，「奥康がブランド靴企業として挺身し「両線」計画を実施することは，積極的な対応方式に属する。国内の靴企業が学ぶに値する」とした。蒲氏は，「集団としての抗議が勝利すれば，反ダンピング税は取り消されるし，奥康などの靴企業はEUが謝罪するまで，EU法院で訴訟を続けることができるし，もちろん，取り下げることもできる。もし最悪の場合，つまり集団としての応訴が失敗したら，奥康などの企業はEUとの訴訟を続けてもよい。それで市場経済地位を獲得するよう頑張る」とした。(中欧靴戦「逆転」の希望は靴企業の結束の対応にある，紡績資源，2008/10/18, http://info.china.alibaba.com/news/detail/v0-d1003156296.html)

　EU反ダンピングの反訴に参加した4社の製靴企業は北京で連合宣言を発表した。「更に厳しくなる圧力に対して，我々製靴企業は共に国際貿易障壁を扱うプラットフォームを築き，情報を共有し，資金を分担し，共に自分の合法的訴えを表すべきだ」と示した。(靴企業はEUを訴訟　中国反ダンピング「第一弁」の長期的価値はどこにある，『法制日報』2007/01/15, http://www.51fashion.com.cn/BusniessNews/2007-1-15/146255.html)

しかし，指摘する必要があるのは，企業から出した声は極めて少ないし，それに積極的に応訴したのは更に少ない。実は，1,200社余りの靴企業の中で，最後に応訴したのはただ14社であった。

困難を乗り越える（3）

苦痛を受け入れる。以上の材料で商務部長は「小さな利益のせいで和睦を

妨害しないでほしい」と言った。では以下の材料で，革靴協会も堪忍の態度を示した。

　　媒体の騒ぎに比べれば，中国各靴業協会は平気そうに見える。中国革靴協会緊急応対組の責任者衛亜菲は，「今まで国家から正式な報告を下されていないので，中国の企業は最後の結果を待つしかない……もし最後確定される反ダンピング税の比率は中国企業が耐えられないほどになっても，業界への衝撃は実にあまり大きくない」と示した……中国軽工商会分会の王穎秘書長は，「反ダンピングは法定手続きで，今は結果を落ち着いて待つしかない」と示した。「20％の反ダンピング税なら，一部の企業は問題ない。実は30％の高きに達しても，まだ耐えられる企業もある」と彼女は言った。(EU は週末に反ダンピングを裁定する予定　中国靴企業は平然と直面，『新聞晨報』2006/02/25, http://cptc.webtextiles.com/info/2006-2-25@144949.htm)

発話の媒介形式　会議・ウェブサイトと国外メディア

　異なる場合において，異なる媒介（メディア・言語など），方式（たとえば口頭表現と法律書類の差異）を通して対話したり，抗弁したりすれば，異なる効果が生じる。前述したように，それらの場合に，媒介はインターネット，報道発言（press conference），インタビュー，国際論壇（中国―EU 経済貿易合同委員会を含めて），座談会，説明会，聯合選言等々。以下は一種の不可欠で特別な媒介を示したい。即ち外国メディア，相手（ここでは EU）のメディアを借りて発言したら，事半ばにして効果倍増するということになりうる。

Retail lobby groups said the decision would damage trade relations between the two blocs and add up to 10 pounds to the price of a pair of shoes on the high street. "This is the last thing we need," Alisdair Gray, the director of the British Retail Consortium in Brussels, said. "This is a dangerous precedent for EU-China relations." He said China's trade negotiator, Gao Hucheng (高虎城), made it clear in a meeting with the BRC his country was prepared to retaliate, and that China "would stop buying from Europe". A Chinese official in Brussels told Reuters the decision was "shocking". He said: "Now we must wait to see what the EU comes up with in its preliminary findings [in the investigation]." (EU-China rift on shoe trade grows, *The independent* (London), Jan 13, 2006, http://www.independent.co.uk/news/business/news/euchina-rift-on-shoe-trade-grows-522779.htlm)

Wu Zhenchang, a Chinese industry leader who helped set up a coalition of shoe makers to address the Europeans' concerns, expressed anger over the decision but said he was hopeful of convincing Europe to reverse its decision. "I feel really angry because the excuses the EU(European Union) gave are ridiculous," said Wu, chairman of Chuangxin Footwear in southern China's Guangdong province, where around half of the nation's shoe exports are made. Chinese shoe manufacturers have set up a 375,000 USD fund to appeal the decision and Wu said he hoped they could present their case to the European Union next month. "When we collect enough evidence, we will propose the plea, probably at the beginning of April," Wu said according to Agence France-Presse, adding the coalition planned to hire European lawyers to make the shoe makers' case. (China, Vietnam angry over EU shoe tariff, *The Daily Star*, March 25, 2006, http://www.thedailystar.net/2006/03/25/d603250505552.htm)

But Yu appeared to bristle at that solution, saying that it was unfair for Europeans to protect their least-competitive industries when it remained so expensive for China to buy advanced Western goods. As an example, Yu said, Chinese manufacturers would have to sell 80 million pairs of shoes, each costing $3.30, to pay for just one European-made Airbus aircraft, priced at $260 million. Mandelson, who also participated in the conference Friday, said he would issue a report this year to EU governments and the European Parliament with recommendations for easing tensions over trade with China. (China rejects EU on shoe trade, International Herald Tribune, July 8, 2006, http://www.nytimes.com/2006/07/07/businiess/worldbusiness/

07ihtyuan.2143488.htuml?_r=1)

　説明を付け加える必要があるのは，主体性質を持つメディアは主に中国語を使い，外国語のメディアは非常に少ないのである。

自分の談話を反省，談話の不足を発掘

　研究者の談話研究と評判の視点から，談話過程の中での不足を暴くことができる。たとえば，EU の行動に対する中国側の返答を分析した時，中国側の多くの「返答の空白」を発見した。衝突の解釈方法や内容を分析した時，一部の人はなんと，相手の保護貿易の行為を，当方自身（廉価ローエンド産品）あるいは相手の誤解のせいにした。

　　　行政的色彩と官商（政府側と産業）連鎖。業界協会と政府の役割分業は相補関係にあり，それで政府自身効率の向上と公共サービスの質の高まりを利し，業界協会が政府の市場における不足を補うことにも利する。しかし，我々の業界協会は政府との関係があまりにも緊密である。業界協会が過多の行政的色彩を帯びるから，「官商」の連鎖は更に緊密になり，関係する調節統制の政策はついに棚上げにされてしまう。また，行政の主導は政府と業界協会との間の分業の混乱をもたらし，「レントシーキング」という行為を起こしやすく，政府の仕事効率を低める。であるからこそ，「二政府」の帽子はぎゅっと業界協会の頭に被らせた。ある匿名の業界協会責任者は「中国の協会はこういう習慣がある。つまり，（政府）指導者が参加しないと，仕事（活動）は展開できない」と記者に語った。それは中国業界協会の発展は有効な規則を欠き，政府の仕事に頼りすぎるということを明らかにした一方，業界協会自身の発展に障害があり，それは非市場化の存在であり，業界協会の奉仕理念に背いたということを示した。（業界協会「改革総動員」「官脈」を切り「帽子」を脱ぎ協会が変身，金羊網，2007/07/09，http://www.ycwb.com/myjjb/2007-07/09/content_1542879.htm）
　　　王振滔【奥康集団総裁】は，「WTO に加入して以来，多くの企業にはそちらのゲームルールがあまり分からない。一部の企業は費用の圧迫を感じ，また様々な手続きへの理解（？）は少ない。この 99％の革靴企業が反訴したくないわけでもなく，ただまだ迷っている」と語った。（中国靴企業は EU 反ダンピングに勇敢に反訴，『中関村』2007/01/08，http://www.evalley.com.cn/

zgc/web/search/article.jsp?aid=2838）

　2005 年に EU 委員会は反ダンピング調査を起こした時，中国企業は応訴において，少し慌ただしく，各自で勝手に行動し，力強い協調も不足し，盲目的に弁護士を選んだ。それで，多くの企業が提出した市場経済地位の申請証明資料は非常に粗末であった。（中国靴企業は EU 反ダンピングに勇敢に反訴 奥康集団総裁王振滔への単独インタビュー，『東南早報』2007/06/27 http://www.qzwb.com/gb/content/2007-06/27/content_2505433.htm）

結　　論

　本章では，文化にまたがる視点から中国側が中欧靴類貿易紛争についての談話を，総合的な分析と評価をした。その主な注目点は談話の性質の問題だが，数量で反映するものもある。以下はまとめである。

　⑴　2004 年，我が国は靴類輸出が EU に挑戦された時，各レベルの政府，各レベルの組合，各レベルの商会，企業と法曹界は EU との対話に参加した（本章はまだ他の関係した参加者を調べていないけど）。中国は大国であり，もし各レベルの政府，組合，商会と企業は続々と参加したら，返答の声は巨大であるはずなのに，もちろん現実では少数が参加し，しかもその社会コミュニケーションの秩序は上から下までという形である。

　貿易談話の参加者と参加関係の問題において，注目に値するもう一つの現象がある。つまり，幾つかの紛争の時に，中国側の欠席が見られる。たとえば，前のチャートで，中国は幾つかの重要な状況において，関係する企業や貿易業界の人物・機構が挺身して発言したことはなかった。

　⑵　なぜ EU が我が国の靴企業の「市場経済地位」を否定するか，それとも我が国の靴企業に反ダンピング調査を行い，関税を上げたといった問題に対して，当方の主要な談話主体は衝突の原因を相手の保護貿易主義に帰結した。しかし，一部の人は，我が国の靴類はランクが低い，自分の銘柄品を持っていないからと考えた。このような解釈は物事の本質と衝突の挑発者をは

っきりと判断していない。すなわち保護貿易と貿易覇権。したがって誤って衝突の原因を，被害者（即ち中国側）に帰結した。それはもちろん問題の解決に不利であり，更に今後企業の発展と貿易関係を迷わしてしまう。

(3)　EU の保護貿易主義に反対する談話について，当方の各参加者と組織は幅広い大量の理由を示した。一部は鋭く，巧妙であり，一部は中国文化の特殊性を現した。しかし，細かく分析してみると，当方は法律に基づいた有力な反撃行動を欠いた。

(4)　今回 EU の反ダンピング調査と関税増加という行為は，もちろん我が国の靴輸出企業に巨大なプレッシャーを与えた。しかし，当方は困難に面して多種の談話方式を取った。弁証法的に考え，抗弁を支持し，もちろん必要な譲歩もした。

(5)　EU の行為に対する反応といえば，中国側は一連の異なる媒介を運用していた。たとえば，各レベルの討論会を催したり参加したり，インターネット・報道メディア・連合宣言を運用したりした。間接的な角度から見れば，中国側の声は外国のメディアにも反映されていた。しかし，当方の談話媒介は主に中国語を使い，公開された英語の情報も少ないから，必ず中国側の談話の EU への伝達効果に影響を及ぼしていない。

(6)　我らは分析と批評の原則を通して中国側の談話体系の長所と短所を見つけ出した。加えて，中国側の関連する資料で自己評価の意見を発見した。そこで浮かび上がった主要な問題は，組合・協会の独立性と有効性，企業間の協調性が不足しており，法律の手段の力をちゃんと運用しておらず，そして法律材料の用意が不十分であるということ。

(7)　紛争展開の大体の態勢からみれば，EU の保護貿易の意図，計画，行動は基本的に着実に実施された。その過程の中で，基本的に当方の影響を受けなかった。これは実際に，中国側の靴業界は EU との貿易紛争で「次々と敗退していた」ことを意味する。

　確かに，我が国が中欧貿易紛争の過程における談話性質・策略・秩序，および浮かび出た談話の問題点を全面的に体系的に十分に説明しようとしたら，定性研究を除いて，定量分析が必要である。たとえば，企業（異なる大きさ

の企業）は何社あったか，組合（異なるレベルの組合）はいくつあったか，対応の活動は何回行ったかということを観察することができる。

　理論部分で言及したが，対外貿易紛争の談話は経済・国際政治といったほかの要素にも関わる現象である。これは，事件ごとにその特殊性があり，その特殊性を認識しようとしたら，異なる事件と比べてみる必要がある。たとえば，中欧靴類貿易紛争談話は類似している中欧の締め金具についての紛争事件，中米のタイヤについての紛争事件と比べることができる。本章は靴類紛争案件をめぐってケーススタディをした。

第7章　談話と公共圏

　現代中国文化は改革開放の後，著しい変化が見られる。しかし，より深く現代中国文化の基本特徴を把握しようとすると，その文化の魂や主体を反映し，構成する疑問に答える必要がある。つまり，今の中国では，誰が話しているか，何を話しているか，その意味の生成や理解のアプローチはどのようなものか，その談話の目的や効果はどのようなものか，現代中国談話と中国伝統文化及び国際社会とはどのような関係があるのかということである。目下では，国内外の学者はそのような基礎的で重大的な中国文化談話の問題に，まだ全面的に突っ込んだ考察がなく，理論と方法においてもまだふさわしいシステムになっていない。

　前述した理論と実際の問題に対し，本章ではただ限りのある初歩的な分析をする。我々の研究する問題は，主に現代中国公共談話の主体をめぐるつもりである。具体的にいえば，我々の考察しようとする問題は，今中国公共圏において，①談話をしているのは，いかなる集団，団体，機構，あるいは他の形の社会組織があるか，異なる主体成分にはどのような内的性質と特徴があるか，パワーはいかなるものか，②それらの主体の質（あるいは種類）と量は我が国の改革開放の初期の状況に比べるとどのような差異が生じるか，③今日の中国では，どんな社会集団は声が微弱で，さらに無声であるか。

　改革開放以来，特にグローバル化の進展の加速に伴い，中国は巨大な変化が起こっている。しかしながら，国際学界で中国公共談話を研究する主流の思想は変わっておらず，まだ「社会環境観」を含めて，政治経済学のモードを主導とされている。

　我々の視点を提示する前に，まず温総理は11回人民代表大会会議が終わった後，記者会見で記者に答えた対話の一部を見よう。

　「人民日報の記者」：総理，こんにちは。人民日報の記者です。「両会」（註：全国人民代表大会と全国政協会議）の間，人民日報に所属する人民網及び他の十数サイトは，「両会ホットニュース」，或いは「質問あり，総理に聞きたい」というネット調査をやりました。数千万のネットユーザーは参加し，百万を超える質問を出しました。公民の秩序的に（政治に）参加する重要な道となっています。皆が一番関心を持っていたのは，物価の問題です。総理は報告に今年の物価上昇率を 4.8％に抑えようと示しました。ちょっとお伺いしたいのですが，今期政府はその目標を果たすために，どのような施策をとることになりますか。

　「温家宝」：「両会」の間に，私もネットで色々と見ました。数多くのネットユーザーから，質問やアドバイスをいただいて，さらに悩みを分かち合っていただいて，数百万件にも至りました。恐らく 1 億人以上は参加していたかもしれません。そんなにたくさんの国民はそんなに高い熱情を込めて，「両会」特に政府の活動に関心を寄せるとは，感激の極みです。彼らの意見や批評は政府への信任，支持，激励や鞭撻となります。ネットで見ながら，頭にある言葉が浮かんできました。つまり「民の憂うるところ，われの思うところなり，民の思うところ，われの行うところなり」。国民がそんなに力を入れてネットで質問を書いたりアドバイスをしたりしたのは，政府に問題を解決してほしいというわけです。ここでは皆の疑問に一々お答えしかねますが，確かに，多くの問題の中で，物価問題が 1 位です。去年の後半から，物価上昇があまりにも速いから，国民の生活，特に低収入の人に困難をもたらしている。

　この例を通して，次のような新視点を提示したい。現在の中国の公共圏の談話及びその主体は，二元対立的で簡単な政治経済学のモデルで定義づけたり分析したりすることはない。グローバル化，特にデジタル情報技術の発展によって，中国の政治と経済は既に巨大な変化が起こっている。しかも，現在の中国と伝統文化との不可分な関係によって，特に二千年以来一貫した，談話は「立徳」のためという原則は，今の実践に新たな影響を与えることで，現代中国の公共圏の談話主体は既に大きく変化し，内的差異を形成しており，もはや簡単で静態的で中国文化から離れて孤立した方法でその性質を分析してはいけない。

　そこで，中国伝統文化の要素を考慮に入れ，社会科学の基本的観察・文献

収集並びに談話分析の方法を併用し，公共圏の談話主体に対する初歩的発掘と分析を行いたい。なお指摘しておきたいのは，国内外の主流の談話研究は，理論の上でコンテクストの分析を講じているとはいえ，すべての談話研究のジャーナルの論文を査読してみれば，学者らが，発話者を含めたコンテクスト状況，及び言語形式と特定のコンテクストからなる関係を実践の上で真剣に分析したことは非常に少ないということが判明できる，ということである。本章では，まさに現代中国公共圏というコンテクストにおける発話者に対して分析を行うことになる。

　我が国の改革開放以降，政治・経済・社会が巨大な変化をしている新コンテクストにおいて，目下の中国公共談話の性質を明らかにすれば，その変化の性質・程度・細部への認識に資するであろう。特に公共談話の主体への発掘と分析は，もう一つの側面から現代中国の主流文化の核心や思想への観察に資することになる。同時に，談話主体への研究は社会関係についての問題にも影響を及ぼしている。現在盛んに言われている言葉で言えば，「発話（談話）権」に関わる。その新談話と新文化の主体への把握を持ったら，中国の未来を予測することにも導くことにも一定の基礎ができる。その他，言うまでもなく，このような主体への分析は全面的な現代中国の談話理論の概念の体系的構築に必要な基礎を提供することになる。ただし，同時に冷静に考えるべきなのは，主体への分析は現代中国の公共談話の全容を代表したり反映したりすることができず，その主体と談話のほかの要素との根本的関係を説明することさえできない。現代中国の公共談話への全面研究は，主体を分析することに加えて，談話の内容と形式，談話のコンテクスト，談話の理解とその効果などを考慮に入れる必要がある。しかし，談話主体自体への分析，特にその性質への突っ込んだ研究を進めると，新しい角度から現代中国の公共談話の魂を明らかにすることができる，と信じている。最後に，21世紀の中国のマスコミと公共談話は昔に比べるとあまり変化していない（Brady 2002; He 2000; Lee 2000; Li et al. 2002; Lu 1999; Pan 2000; Pugsley 2006; Zhao 1998）と提示する学者が続々と出ていることで，この談話主体の理論と実証的分析の結果は，これらの学者の観点と対話を行うことを希望している。

現代中国談話研究の理論的枠組み

　筆者は浙江大学現代中国談話研究センター（www.discourses.org.cn）及び中国のほかの学術機構と連携し，東洋・中国文化学術の角度から，西洋の談話学への批評を行い，それに基づいて現代中国文化の談話研究の理論と方法の体系を築いている。本章の主要な目的は，現代中国文化の談話を深く理解し分析し，それに対する反省を行い，よってその社会的効力を上げ，世界に紹介し，中国と国際社会，特に主流の西洋社会との平等な対話を促すことにある。

　このマクロ的な枠組みのもとで，談話を，特定の社会・文化・歴史環境における具体的な言語コミュニケーションと定義する。言い換えれば，「談話」はコンテクスト，あるいは「実際生活」に関わる言語活動，簡単にいえば，「実際生活における言語活動」である。本章の研究の焦点に関連して，談話の中の言語活動とコンテクストとは依存しあい，両者はまた，発話者（主体）・言語（形式・内容・原則など）・聞き手（客体）・理解方式・社会・文化・歴史といった多重の要素が関連しあって浸透しあう集合体としている。その関係によって談話研究は特に発話者に注目する。もちろん発話者は異なる環境に影響を与えられ，異なる音声を発し，異なる表現形式を持ち，コンテクストによって異なる表現を出す。したがって，本章の主体への研究は現代中国の公共圏の談話研究の一側面に過ぎず，ほかの方面の研究をもとめた後にその問題に対する全般的認識に達することができる。

「公共談話の主体」という概念

　公共圏と談話の主体性について，国内外でも著作が少なくない。たとえば，前者についてはハーバーマス（1998），朱珊（2006）が挙げられ，後者についてはアーレント（1999），寧栄生（2003）が挙げられる。しかし両者の関係について，特に公共談話の主体性問題についての研究はまだ不足している。

以下では，主に談話研究の角度から，公共圏の談話の主体性の概念に対して
分析を行ってみたい。

　まず，ここで関心を持っているのは，公共圏における談話主体ということ
である。それでは先に公共圏という概念を理解する必要がある。公共談話を
論じる際には，学者らは必ずハーバーマスの「公共圏」という概念を思い出
すであろう。彼から見れば，資本主義の社会には「公共圏」があり，それは
国家の権力範囲以外のものである。公共圏において公衆は自由に公共意見を
表すことができる。公衆が一定の大規模になった時，新聞・ジャーナル・ア
ナウンス・テレビなどを公共圏での媒介にし，伝達や影響の効果を果たす。
マスコミは公共圏の一部とされている。以下の原文（Habermas 2000:288-9）
を見よう。

　　By "public sphere" we mean first of all a domain of our social life in which
such a thing as public opinion can be formed. Access to the public sphere is
open in principle to all citizens.[...] Citizens act as a public [...] with the
guarantee that they may [...] express and publicize their opinions freely.[...]
The coercive power of the state is the counterpart [...] not a part of it [public
sphere].[...] The term "public opinion" refers to the functions of criticism and
control of organized state authority [...] during periodic elections.[...] To the
public sphere as a sphere mediating between state and society,a sphere in
which the public as the vehicle of public opinion is formed, there corresponds
the principle of publicness [...] that [...] has permitted democratic control of
state activity. （「公共圏」はまず我々の社会生活圏を指す。つまり世論が生まれ
たところである。公共圏は原則としてすべての公衆に開放されている……公民は
公衆として……その中で自分の意見を自由に表したり宣伝したりすることができ
る……政府の強制力は公共圏を守るべき……その一部になるのではない……公共
意見（世論）は，公衆は政府の任期内その権力組織に対して批評したり制御
したりすることを指す……政府と社会を調節する公共圏に対して，公衆は世
論の運び手となり，それに対応するのは公開性原則である。すなわち，公衆
が政府行為を民主的に制御することは許される。）

ここで問いたいのは，①公衆はすでに自由に意見を出せば，なぜマスコミ

を借りて他人へ伝達したり影響したりするのか。②誰がその伝達と影響の作用を果たすマスコミを提供しているのか。大量の理論と実証的研究（Bell 1991; Fowler 1991; Van Dijk 1987）が証明しているのは、マスコミは自由に交流する場ではなく、公衆の意識と公共意見を改変させる道具であり、公衆は公平にマスコミに入る機会を得ず、逆にマスコミは政治、経済の要素からの影響を受け、選択的に、計画的に公衆人物と彼らの談話を利用している、ということである。それで、ハーバーマスの概念は二項対立の思想による非現実的で理想化された範疇にある。中国文化への観察に運用していくのはよくないと考える。しかし、その言葉を借り、参照しても、その理想化された範疇に対応する中国式の公共圏を描くことができ、理論の構築や異文化対話を助ける。

　管見によれば、現代中国の公共圏は、ⓐただの「公共の場」ではなく、ⓑしかも集団が混ざりあう一種や多種の社会組織形式（たとえば政党、半官的組織、公私企業、マスコミ）にも関連しおり、あるいはⓒ社会個体、たとえば個人ブログ、ネットユーザー、スマホユーザーなどに関わっており、ⓓ且つ社会の範囲で一定の規模の直接対象者を有している。ⓔそのような領域は、他の社会生活領域（たとえば、私的領域、宗教領域、企業領域）という、開放的個体と文化、過去と現代という二つのレベルのインタラクティブな空間である。概して言えば、ここで強調している公共圏には、一定の社会規模の発話者がおり、しかもその発話者は一定の規模の聞き手を有する。その媒体はふつうマスコミである。すべてに関わる要素からなる環境体系とは公共圏である。それで、二人の個人的に話を交わす環境は公共圏にあらず、公共の場所ではないから。教室、スーパー、カフェ、空港、企業や社会機構のホールのような場所は公共の場所であっても、公共圏ではなく、談話コミュニケーションの大規模な空間を有していない。同じく、指導者が末端機関、企業或いはほかの集団内部の発言、彼らのいるコンテクストはいわれた公共圏に属せず、公共の社会組織ではない。

　いわゆる談話主体、日常的なことばで言えば、話し手である。前述どおり、西洋の談話分析は理論上でコンテクストの発話者に注目するが、具体的な研

究実践でなかなかできなくなってしまった。根強い言語構造主義と言語中心論は発話者への研究の無視を決めている。

　実に，誰が発話者か，誰が話しているかという，一見簡単そうな問題は容易に判別できない。中国の文化伝統は発話者と言説との関係に対して，深刻で弁証法的で道徳判断のある認識を有している。

　　　君子は一言を以て知と為し，一言を以て不知と為す。『論語・子張』
　　　言を知らざれば，人を知る無きなり。『論語・尭曰篇』
　　　君子は言を以て人を挙げず，人を以て言を廃せず。『論語・衛霊公』

　つまり，言語と使用者には複雑で弁証法的な関係がある。まず，言語は人と緊密に関わっている。第二に，談話生成の角度から言えば，話は道徳を注意すべきであり，言語の使用のよしあしが人柄を決めるから。第三に，談話理解の角度からいえば，話を聞くことにも道徳があるべきであり，人とその言語とは非対等性があるから。「君子は言を以て人を挙げず，人を以て言を廃せず」。ほかに，我々の日常生活にも，似ている知恵と道徳の運用があり，たとえば「文はその人の如し」「小柄な人への手前，小話をせぬ」。ゆえに，中国の伝統文化から，談話研究は発話者を研究しなければならず，さらに聞き手を研究しなければならないということは知られる。

　理論のレベルからいえば，談話主体（agent/subject）は特定のコンテクストにおいて言語符号を運用し意味を生成する具体的な人あるいは社会組織形式（たとえば，マスコミ，会社，社団など）。談話主体は談話の過程中で最も創造的で，活力のある要素であり，社会に与して，世界を変える社会実践の動力であり，社会・文化の核心的一部分である。

　しかし，談話主体は孤立した存在ではなく，談話のほかの有機的部分（コンテクスト・内容・形式・意味など）とは弁証法的に依存しあい，複雑な談話現象を形成していく。まず，一部の主体は見えないままであり，たとえば中国の教育談話や環境保護のコマーシャルではなかなか発話の主体が確定されにくいであろう。これは談話内容から弁別できるかもしれない。次に，談話

主体は異なるレベルと異なる方面に存する可能性もあり，各種の言語手段で構築されることができるから。たとえば，「儒家」の学説は現在の中国公共圏でよく引用されており，一定の主体性を有すると認められる。同じく，一人の作家は文学作品で様々なキャラクターを作り出し，様々な声を発し，よって多重の談話主体をなしうる。また，談話主体は談話の理解（interpretation）と理解者（interpreter）（の特性）にも緊密な関係がある。聴衆なき発話者は談話主体ともいえない。それで，談話主体は実に複雑な現象である。

　ここで研究しようとする公共圏における談話（あるいは「公共談話」）主体の概念，あるいは「公共化と主体」とは，公共圏で言語を用いて意味を構築する一定の社会規模のある社会集団を指す。同時に彼らはかなりの規模の受け手を持つ。その概念は以下の特徴がある。まず，多くの場合，誰が公共談話の主体であるかは，受け手に対してあまり重要ではない。実質的に意味があるのは，ⓐ受け手が彼らの発した談話の結果の直後に接触できる媒介であり，たとえば一紙の新聞，一つサイト，あるいはⓑ彼らを代表として談話を生成する能力のある集団や団体であり，たとえば消費者協会，中国人権研究会。公共談話の社会団体性は往々にして仲介や媒体の形式で実現される。この意味で公共圏における談話主体は往々にして抽象的である。次に，ⓒ談話主体は言語によって構築されて形成されたものでありうる。たとえば，孔子（思想）は現代中国政治談話の主体の一つともいえる。またⓓ公共圏も公共談話もそれ自身，異なる社会主体の力が競争しあったり，対話しあったり，連携しあったりする空間である。そして，公共談話の主体になるかどうかということは，元々社会集団や個人の社会的地位と権利の象徴であり，社会的地位と権利自身の一部分である。ここから考えると，談話主体の性質とその形式はコンテクストの変化にしたがって変化しているものである。ある人の声は多くなったら，ほかの人の声は聞こえなくなってしまう。一つの社会，文化では異なる声をもって平等に対話を行うなら，きっと多元的・革新的で，繁栄する空間が生まれる。最後に，ⓓと関係もあるが，ⓔ公共圏の談話は社会全体に重大な影響を直接的あるいは間接的に与えている。権威を象徴し，国家社会の多領域に関わるから。その社会集団の主体性はある種の共同の意

識・目標・価値観・あるいは言説の内容と方式に現れている。

　以上を踏まえて，公共談話の主体は複雑多岐な範疇である。そこで本章の研究対象について説明を少し加えておきたい。①個体を研究するが，たとえば現代中国の公共圏において誰と誰が言説の影響力を持つ人だとかは課題として意味があるが，本章では社会団体の性質を持つ主体に焦点を当てるつもりである。したがって，易中天，於丹のような個人はその対象ではなく，彼らがマスコミによって形成した団体は我らの研究の主体である。②主体の身分を持つ社会実体に関心がある。マスコミ（たとえば出版された書物），伝播者（たとえば教師，学者），作家によって伝播され形成された孔子の言論や文学主体は，本章の研究対象にならない。③また指摘しておきたいのは，ここで分析する談話の社会主体とは，人の集合（たとえば，国家指導者，社会科学に携わる人，農民工）のレベルに限らず，談話研究的に社会学的に言語を用いて集合的意識を生成する機構・組織や団体である。それで本章の研究対象は刊行物・放送・テレビ・サイト・ブログ・協会・基金会・業界・無党派人・婦人・障がい者等々の異なる性質や形式を持った談話主体に触れたい。④その他，ここでいう談話主体は，あっという間の談話主体（たとえば，何らかの突発的な事件によって生まれた談話主体）ではなく，一定的に持続的な言説者である。⑤なお，中国では，共産党・政府・法律機関などはいつも公共圏において，最も重要で，直接的あるいは間接的な談話主体である。ただし，本章で扱うのは大きな変化のある談話主体である。たとえば，地方の刊行物，インターネット。⑥確かに，談話主体の価値は聴衆に決められている。多くの聴衆を持つ言説者は公共圏において大きな影響力を持つのである。資料の制限があるために，ここではなるべく受け手の情報を取り上げる。

談話主体の研究方法

　現代中国公共圏の談話主体はどのような構成要素を有するか，それらはどのような性質を有するか，改革開放時期との区別はどのようなものであるか，研究しようとすると，多くの方法が利用できるはずである。たとえば，帰納

の論理的方法を用いて，データベースによって公共談話の主体が形成された状況を分析してから，分類を行う。また，受け手の観点に基づいて，公共圏の談話を理解した関係者にインタビューし，公共談話主体の分布の情報を入手することもできる。しかし，本章の目的は，現代中国の談話主体を初歩的に発掘・分類し，描写することにあり，全面的で確実で徹底的な描写を求めない。そのために，以下の分析は主に現有の文献情報の収集と整理を頼りにして，特にネットでの文献情報を採用する。同時に，社会学で中国社会における研究成果の助けを借りて，中国公共圏の談話主体の状況を探索する。以下の多くのデータや情報は多種のネット資料からのものであり，一部は分析・整理されてからまとめられたものである。簡略化のために，文中では出所を一々説明せず，ただ主要な参考を文章のおわりに注記する。

　以下の分析の過程で，定性的／定量的方法を両方使い，談話主体の内容・形式及び歴史的差異を説明してみる。そのために，談話研究の中での一部の概念を運用して公共談話の主体とその内部の異なる構成要素を分析する。たとえば，言語の社会形式（個人・団体・機構），内容と話題（雑誌の種類），言語の生成量（出版数，発行量，出版社数量），言語受け手（購読数，興行収入，アクセス数），伝達の経路（新聞，ネット），メディアの種類（新聞の種類，放送の種類），伝達経路のレベル（中央，地方レベルのチャネル），社会功能（調査，指摘，娯楽），情報の出所（大陸，香港，マカオ，台湾），言語の種類（中国語，外国語）。結果の信ぴょう性の保証として，以下では多くの場合，提供する材料には拠り所が最低二種以上ある。

公共談話主体への分析

　我らの研究結果の見込みが読者に得られるために，まずマクロ的に述べたい。現代中国文化談話の特徴の一つとは，改革開放初期に比べれば，中国公共圏の主体は特に 21 世紀に入った後，総数も種類も激増しているのである。中央人民放送の文章「類型化：中国放送テレビ発展が必ず通ってゆく道」はある側面から，その談話主体の変化を明らかにした。

　　改革開放 20 年余りの間，中国報道業界の最も著しい変化といえば，「一報両台」（総合的日報 1 社，総合的人民放送局 1 社，総合的テレビ局 1 社）という単一化していたメディア構造は終わりになり，転じて多様・多品種のメディア新局面は初歩的に形成されている，ということである。放送とテレビにとっては，「4 つのレベルで放送（局）を営み，4 つのレベルでテレビ（局）を営み，4 つのレベルで混合してカバーする」（1983 年）という建設方針に基づき，三横四縦の基本構造を形成している。縦向きには，中央・省・地方（市）・県（市）という四つのレベルで局を開設し，横向きには，放送局は総合放送，経済放送，専門放送（文芸放送と交通放送を代表として）が鼎立しており，テレビ局は無線テレビ，有線テレビ，教育テレビの三つに分かれている。

　このような公共談話の新変化はいかに形成されたのか。21 世紀に入った後の加速していくグローバル化とメディアネットワークの発展に緊密な関係がある一方，現在の中国の政治と経済の発展の要求にも直接の関係があると思われる。21 世紀初頭に，新聞業界においては二つの重大な変革がある。①中央レベルの刊行物はただ「三報一刊」（『人民日報』『光明日報』『経済日報』と雑誌『求是』），ほかの中央レベルの新聞，雑誌それから各機関，各委員会の刊行物は元の管理部門とつながりを断ち，企業法人となった。ほかの各省，直轄市，自治区，原則上で省（市）委員会の機関紙は一紙が残され，ほかの刊行物はいずれも政府部門と離脱され，企業法人化となった。②外国や民営資本はメディアに投資することは許されるが，多くても 40％を超えられない（新華網，2003/07/30，09:18:53）。最後に，このような談話主体の発展は中国文化の深層の「百家争鳴」という歴史記憶とは不可分であろう。

　もちろん，分析として，現在の中国社会の中で一部の団体や集団はまだ公共圏における談話の舞台や発言の媒介を持っておらず，したがって，ふさわしい公共圏主体としての役割を十分に享受したり実現したりすることができない，ということもある。それについては多くの原因があるが，本章ではただその集団を掘り出し，さらなる研究に供する。

新 聞

　新聞は我が国の公共圏において最も普遍に活躍している談話主体の一つであり，歴史の角度から見れば，成長が最も速く，最も大きな談話主体の一つである。我が国の新聞には概して，政論新聞，機関紙，宗教新聞，商業新聞，夕刊紙，専門紙（業界紙），都市新聞（ローカル紙）といった種類がある。1978年には全国に新聞186紙があり，総印刷部数が127.76億部であり，全国的新聞と省レベルの地方的新聞との年間発行部数が109.4億部であった。1979年から1992年までの間，各種の夕刊紙，業界紙，企業紙は続々創刊されており，党紙による天下統一という状況を壊した。2006年までには，全国に新聞1,992紙があり，総印刷部数が350億部であった。その中で，日刊新聞は984紙，全国新聞総数の50.9％を占めた。その中で，総合ニュース的な党紙と夕刊紙，都市新聞は我が国の日刊新聞の主なものであり，全国日刊新聞総数の73.9％を占めた。党紙は439種あり，日刊新聞総数の44.6％を占めた。夕刊紙と都市新聞は228種あり，日刊新聞総数の29.3％を占めた。特筆に値するのは，公共圏におけるこれらの談話主体の中に，世界へ向ける国家的英語日刊新聞があり，即ちChina Daily（『中国日報』），1日当たり発行部数が20万部余りであり，150カ国・地域をカバーし，海外の主流メディアに被引用数の最も高い中国新聞である。

図書，録音・録画，デジタル出版物

　1978年には，図書出版は1.5万部あり，のべ42.6億冊であった。中華人民共和国出版総署の政府統計資料によると，2006年には，全国で図書出版は総計233,971部であり，その中で新版図書は130,264部であり，再版や重版図書は103,707部であり，総印刷数64.08億冊（枚）である。しかも毎年出版される新書は10％のスピードで増えている。

　もちろん，それらの図書，録音・録画，デジタル出版物に関わる出版社を見る必要があり，後者は前者を決める「生産機械」であるから。この意味からいえば，出版社にも一定の主体性がある。1978年には，図書出版社は105社あった。その中に中央には53社あり，地方には52社あった。1970

年以前では，全国にただ中国唱片総公司という録音・録画出版社一社だけがあり，デジタル出版はまだ現れていなかった（中国のデジタル出版は 80 年代半ばから発足した）。2006 年までには，中国に図書出版社は 573 社あり，録音・録画出版社は 320 社あり，デジタル出版社は 162 社がある。

雑　誌

　1978 年に，全国各種の雑誌出版はジャーナルは 930 件あり，のべ 7.62 億冊であった。2006 年までには，我が国のジャーナルは 9,490 件になり，総印刷数 100 億冊を超えた。国務院標準化行政管理部門の作った国家標準に従って分類される雑誌の種類は以下のようである。マルクス・レーニン主義，毛沢東思想，哲学，社会科学総論，政治，法律，軍事，経済，文化，科学，教育，体育，総合的文化刊行物，世界各国文化事業，科学研究活動，言語，文字，文学，芸術，歴史，地理，自然科学総論，数学，力学，物理学，化学，天文学，地球科学，生物科学，メディシン，衛生，農業，林業，一般工業技術，鉱業工程，石油，天然ガス工業，冶金工業，金属学，金属工芸，機械，計器工業，武器工業，動力工程，原子力技術，電工技術，無線工学，電子通信技術，自動化技術，計算技術，化学工業軽工業，手工業，建築科学，水利事業，交通運送，航空，宇宙飛行，環境科学，総合的ジャーナル。その他，国際向けの英語雑誌と新聞が若干ある。それらは『北京週報』，『人民画報』（英語版）/『中国画報』（英語版），『今日中国』（英語版），『中国報道』（英語版），『中国日報』，『人民日報』（海外版）である。

テレビ

　1978 年には，中国のテレビ局は 32 局あり，テレビ発信局と中継放送局は 237 局あった。2006 年までには，全国で登録された各種のテレビ局は 3,000 局を超え，衛星放送局は 41 局であった。その中で地方テレビ局数は 2,000 を超え，チャネル数は 4,000 を超えた。衛星によって全国へ放送する省レベルのテレビ局は 50 局を超えた。

　指摘すべきなのは，それらのテレビ局とチャネルの上に，かなり独立性と

個性を持つ具体的なテレビ番組がある。たとえば，①「焦点訪談」。綿密な報道を主とし，「世論監督」を長所とするテレビ報道評論番組である。「政府に重要視され，民衆に関心を持たれ，普遍的に存在する」トピックスを選び，「事実をもって話す」という方針を貫き，社会進歩と発展の過程にある問題を反映したり，解決したりする。多くの報道は政策決定の際の根拠と参考とになった。②「新聞調査」。中央テレビ局の最も綿密な調査番組であり，記者の調査を表現手法とし，事実における真相の追究を基本内容とし，正真正銘の調査報道を目標としている。③「芸術人生」。「正直な品質，トップの制作」を核心的理念とし，人文への関心を込め，中国文化芸術界の重大な出来事に注目し，力強い製作スタッフで番組を作っている。④「開心辞典」。クイズの形式で全国民に向かって賞品の得られる双方向番組である。⑤「非常6+1」。一般人の夢を叶い，観衆とやりとりをする娯楽番組であり，豊富な情報を入れ情報をカジュアルに伝える番組である。

映　画

　映画は音声と映像を通して公共圏で意味を生み出すとはいえ，その中でのナレーションとオフシーンは同じくかけがえのない意味を生成している。談話研究の角度からいえば，後者を「映像―談話」と呼ぶ。映画はテレビに続いて二番目に大きな主体，映像談話主体である。映画局が公布したデータにより，2006年に国産ストーリー映画生産は330本に達し，総量は前年に比べ27%増えた。非ストーリー映画の生産というと，ドキュメンタリー13本，アニメ映画13本，科学教育映画36本であった。ほかに，映画チャネルは112本のテレビ映画を企画し，撮影した。全国で統計できる映画の興業収入は26.2億元を超え，四年連続で20%以上伸び率を保持した。しかし，1978年には，上映していた映画数はただ113本であり，しかも香港と台湾の映画は相当の部分を占めた。

インターネット

　1978年には，中国ウェブサイト数はおおよそゼロであった。しかし，中

国インターネット情報センターの最新統計データにより，2006年6月までに，全国ウェブサイト数はすでに 788,400 個に達し，ネットユーザー総数は 1.23 億人であり，IP アドレス数は 84,786,688 個であった。たとえば，大型のポータルサイト（総合的サイト）は新華，新浪，捜狐，網易，Tom 在線，騰訊がある。大型の業界サイトは太平洋電脳網，中華英才網，携程旅行網，阿里巴巴，淘宝網，当当網などを含めている。ほかには，百度網，Yahoo 中国などがある。なお，中国に大型の英語サイトも幾つかある。①中国日報サイト。中国日報社に属し，中国で最も古い英語サイトであり，国家の六大重点的なニュースサイトの一つであり，一日平均アクセス数はのべ 600 万人である。②人民網英語版（人民網に属する）。新華社の共通原稿を使用する以外，人民日報の社説を載せ，中国政府の国内外の重大問題への立場・観点と主張を評論したり通訳したり伝達したりしている。③新華網英語版。多チャネル，多機能，多レベル，多手段の報道方式を持ち，ニュース報道を柔軟に扱うことができる。④中国網英語版。国務院ニュースオフィスと中国国際出版集団の合弁事業であり，中国についての最新情報を提供し，中国歴史・政治・経済・文化を全般に紹介している。以上の英語サイトは皆政府の投資によって創立され（中国日報は自主経営を行っているけど），現有の伝統的メディアを頼りにしている。

ブログ

ブログはさらに新しいものである。簡単な登録を通して誰でもブロガーに

---

(1)　新華網は新華社が運営し，中国最大，最も国際影響力のある国家重点ネットサイトである。中国語（簡体，繁体），英語，フランス語，スペイン語，ロシア語，アラビア語，日本語という八種の言語をもって，24 時間絶え間なく世界中のニュースを提供している。新華網は新華社の国内外 150 カ所余りの支社を頼りとし，全世界をカバーするニュース収集ネットワークを作った。新浪網（NASDAQ:SINA）は中国ないし全世界の華人集団にサービスを提供し，先頭に立っているオンラインメディアと付加価値ある情報サービスを提供している。全世界の登録ユーザーは 2.3 億人を超え，一日当たりアクセス数はのべ 7 億回を超え，中国大陸並びに全世界の華人集団の中で最も勧められているインターネットブランドである。

なれる。したがってブログを使って，すべてのネットユーザーに話すことができる。彼らは気軽に作品をアップロードし，自分の思想と感情を表すことができる。彼らの行動は個体的であるが，占められた談話の空間は公共的である。しかもその人々は同様の談話の場におり，形成されているのは一種の集合的な談話主体である。①2006年10月まで，ブログ数は約560万まで増えてきた。②新浪網のブログの統計によると，今までアクセス数の最も多い四つのブログは，徐静蕾の「老徐」，アクセス数112,460,000，韓寒の「韓寒」，アクセス数97,670,000，Acostaの「Acosta―極地陽光」，アクセス数59,080,000，郭敬明の「小四的遊楽場」，アスセス数59,080,000。以下は幾つかのブログサイトを上げよう。博拉，www.bolaa.com，全世界第一の中国語コミュニティーであり，中国最大のプロなブログメディアネットである。新浪網ブログチャネル，blog.readnovel.com，各種のオリジナル文学，書評，映画批評を発信する文学ブログである。ブログメディア，media.bokee.com，各種のメディアの動き，メディア研究を提供するメディアブログである。QQ空間列，tech.qq.com，各種のデジタル産品のビジネス情報を提供する。賽迪網ITブログ，blog.ccidnet.com，各種のIT産業情報を提供する。企博網，www.bokee.net，職場情報を提供し，職場エリートのブログを展示し，先頭に立つビジネス仮想社会運営プラットフォームである。中国校園ブログ，www.Ublogy.com，中国大学初めてのブログサイトである。中国学生ブログセンター，xs.bokee.com，各学年の各種の趣味の学生がネットを利用できる新興の「ゼロバリア」のブログである。六一貝児童ブログ網，www.61bay.com，子供にサービスを提供するプラットフォームである。これらの例から見れば，大量のブログは少しの間に公共圏に種々雑多な情報を広げることができる。

---

(2) 海外メディアの報道によると，統計データから，全世界のブログ数は7,000万を超え，中国ブログ数は総数の8％を占めるということが示された。

(3) 時代財富科技公司は2005年8月に出した『2005中国語ブログランキング報告』によると，トップ10の総合的ブログは
No.1: 博客網――http://www.bokee.com/

民間 / 非政府組織

　当代中国公共圏において，談話主体として無視できない力はもう一つある，即ち非政府組織である。端的に言えば，「非政府組織」は政府から独立した，営利を目的としないボランティア的社会組織である。民政部の取った正式的分類法によると，民間非政府組織とは，「社会団体」と「民営非企業単位」に分けられる。その中で社会団体は，中国公民が自発的に結成し，メンバーの共同の意志・願望を達成するために，その規則に照らして活動を行う非営利的社会組織である。民営非企業単位とは，公私企業，社会団体及び公民個人が，非国有資産を利用して営む，非営利的社会サービス活動に携わる社会組織である。これに基づいて，登録された管理機関のレベルによって全国的

No.2: DoNews——http://www.donews.com/

No.3: 博易——http://www.anyp.cn/

No.4: 中国博客——http://www.bloghcn.com

No.5: 博客動力——http://www.blogdriver.com/default.html

No.6: 天涯博客——http://www.tianyablog.com/

No.7: 博客大巴——http://www.blogbus.com

No.8: 中国軟件——http://blog.csdn.net/

No.9: 歪酷網——http://www.yculblog.com/

No.10: 你的博客網——http://www.yourblog.org/

　⑷　それに関連するのは民主党派成員，無党派人。現在では，我が国の民主党派成員と無党派人は司法・行政方面の談話主体性質が続々増えている。各レベルの人民代表大会常務委員会，政治協商委員会，政府機関と経済，文化，教育，科学技術などの部門にも，参政党としての民主党派と無党派人，多くの成員はその指導者を務めている。今我が国の民主党派成員と無党派人の中に，各レベルの人民代表を務めるのは 17.6 万人いる。そのうち，全国人民代表大会常務委員会副委員長 7 人，全国人民代表大会常務委員会常務委員 50 人，省レベル人民代表大会常務委員会副主任 41 人，省レベル人民代表大会常務委員会常務委員 462 人。同時に，民主党派成員と無党派人は各レベル政府と司法機関の指導者を務めている。陳竺成は我が国の改革開放以来 29 年，初めて国務院組成部門正職に就任した無党派人であり，それから中国致公党副主席・万鋼が科技部部長に任じられた後，政府部長を務める非中国共産党人員は二人目である。これらのデータから見れば，民主党派成員と無党派人は我が国の公共圏で，特に政治参加と立法を通して，一定の作用を発揮しており，したがって一定の談話主体性質を持っている。

組織と地方的組織に分ける。改革開放初期には全国的団体が百余りあった。[5]
2006 年までには，民間組織は 22,157 あり，そのうち社会団体 13,509，民
営非企業単位 8,648 である。主にウェブサイトと刊行物を通して公共圏で[6]
自分の声を出している。かなり影響力を持つ非政府組織は，中国国連協会，
中国全国婦女連合会，中国障がい者連合会，中国人権研究会，中国人民対外
友好協会，中国平和と軍縮協会，中国光彩事業促進会，中国慈善総会，中国
扶貧基金会，自然の友と中国性病エイズ予防治療協会がある。以下では，主
な二種から幾つかの具体的組織を選び，「非政府組織」が公共圏談話主体と
しての形式とその発展を説明する。

　(1)　社会団体，たとえば，「中華全国台湾同胞聯誼会」(「連合的団体」に属
するのは，台湾同胞は祖国大陸での同郷会組織である。今大陸は，チベットを除く[7]
30 の省・自治区・直轄市と，台湾同胞が比較的集中している地・市で，相次いで地
方「台聯」を作り上げた。会誌『台声』は国内外でも正式に発行されている総合的月
刊誌である。中国人権発展基金会「基金会」に属する)，その宗旨は中国人権事業[8]

---

(5)　学者らは中国民間非政府組織に対して各々の分類法を持つ。アメリカのシラキ
ュース大学マクスウェイル学院政治学准教授王紅綬が集めた資料によると，2003 年
までに，中国民政部門に登録された各種の非政府組織は総計 26.66 万個であり，年平
均増加率が 34% であった。ほかにまた同様の数量の非政府組織は登録されておらず，
内々に運営している。

(6)　新華報業網による，http://www.xhby.net (2006 年 12 月 14 日)。ほかの准政
府社会基層組織 (たとえば，中国障がい者連合会，中国計画生育協会，中国文芸界連
合会など) の数量は 1,338,220 個であり，学生団体，コミュニティー・レクリエーシ
ョン団体，オーナー委員会，ネット団体といった各種の庶民的組織総数量は
8,031,344 個であった。http://www.modernlaw.cn/4/4/04-09/4122.html を参照さ
れたい。

(7)　これは，同じ領域や異なる領域の法人組織や個人が水平的交流のために，自発
的に結成する連合体である。その主な機能は，内部に対して，法人組織や個人を連合
させ，産業政策を研究し，業界関係と協調し，関連する産業・業界あるいは個人の交
流と連携を促進し，外部に対して，彼らを代表してほかの会員組織と協議をし，よっ
て自身の利益を守る，ということである。

(8)　これは，自然人・法人あるいは他の組織に寄付されている財産を利用し，公益
事業に携わることを目的とし，本条例の規定に照らして成立された非営利法人である。

を発展・完備させ，中国人民と世界人民が人権問題における相互理解と協力を促進し，共に世界人権事業の進歩を推し進めるということである。その任務は幅広く資金を集め，国際的に人権の交流を行い，人権の交流・宣伝・教育と研究を展開し援助し，公益事業を催し，人権事業の維持・保護・発展のために著しい貢献をした団体と個人を奨励するのである。中国人権発展基金会は名誉会長，会長及び顧問若干名を設置する。理事会はその最高権力機構であり，四年を一期とし，二年ごとに理事会議を一回開催し，そこで基金会の重大事項を決定する。http://www.humanrights.com.cn という大型の総合的中国語ウェブサイト「人権網」がある。今では人権組織，人権在線，人権交流，人権精粋，人権縦横，人権芸術といった八つの欄がある。また，中国服装協会ウェブサイト（専門的組織に属する）[9]，www.cnga.org.cn/fzxh3.5cbw. asp がある。会誌『服装界』。

　(2)　民営非企業単位，たとえば世界中医薬学会連合会は国際ハイテク総合的中医薬学術ジャーナル『世界中医薬』雑誌を持っている。中華中医薬学会は（中華中医薬学会ウェブサイトにより），中医薬学術技術・情報・科学普及などのジャーナル・図書・資料と録音録画製品をたくさん編集し出版している。その中にスポンサーとしての雑誌は『中華中医薬雑誌』『中医雑誌』『中医薬管理雑誌』『中医薬学刊』『鍼灸臨床雑誌』『中医薬臨床雑誌』『新中医』といった 20 種がある。

公共談話主体の外の社会集団

　同時に，指摘する必要があるのは，談話分析と社会分析の角度から見れば，

---

　(9)　主に，単位や個人のメンバーが自発的に参加し，関連する領域の専門知識をめぐって活動を行い，専門人員・組織の専門知識を発揮させ，経済・社会に奉仕するための団体組織を指す。その主要な機能は単位のメンバーに専門化のサービスを提供し，個人のメンバーが科学技術・教育・文化・芸術・衛生・体育などの方面における能力と技巧を向上させるのである。以下の協会組織は自分のウェブサイトを持っており，学術交流の論壇を開設しており，各種の専門的文章を発表することができる。

現在の中国社会では，一部の集団や団体は異なる公共談話主体がそれらのために声を出しており，公共談話と違った程度に注目されている。しかしまだ公共圏において同様のプラットフォームを持っておらず，公共談話空間において同様に重要な主体もなく，したがって彼らはあるべき公共社会の主体性質を十分に実現していないと言える。それらの集団は公共圏において相対的に影響力のある談話の場を持っておらず，自分のウェブサイトや刊行物があったとしても，前述の談話主体より社会全体の関心を欠く。第5回国勢調査によると，中国人口は13.56億人で（2007年まで。台湾，香港，マカオを含めない），農村人口は8.0739億人，総人口の63.91％を占め，農民工の総数は2.1億人に達した。それなのに，彼らの公共論壇はまだ少ない。『農民日報』の発行数は10万部。『経済日報農村版』は13万部。農民のためのウェブサイトは二つしかない。三農在線（http://www.farmer.com.cn/）と中国農民権力網（http://www.nmql.com/）である。農民工のためのサイトも二つしかない。『中国農民工日報』（農民工のネット新聞）サイト，http://blog.allnet.cn/ と民工網 http://www.mingong123.com/ である。それには多方面の原因があるが，ここではただそれらの集団を示して，今後の更なる分析と研究に供する。

結　　論

　以上では，現代中国談話研究の基本枠組みを簡単に述べ，概念と理論から談話主体・公共圏と両者の関係を分析してみた。その中の一つの主要な観点は，中国文化談話の主体が反省性と社会的双方向性を有し，したがって歴史伝統とグローバル化のコンテクストにおいて，変化的・多元的，より複雑になり，しかも談話のほかの要素と弁証法的に依存している，というのである。
　それに基づいて，文献分析と歴史比較の手段を通して，初歩的に現代中国公共圏における談話主体の構成要素を発掘し分析した。とりわけ提示したのは，我が国の改革開放の時期と違って，新聞・雑誌・図書・録音・録画・デジタル出版物・放送・テレビ・映画・インターネット・ブログ・非政府組織・民主党派と無党派人は既に我が国の公共圏において，迅速に成長するに

つれて強まり，多元的に発展していく談話主体群となる。同時に，中国の一部の社会集団は公共圏においてまだ声無き集団だということを示した。しかし，公共圏ないし社会全体の調和と繁栄には疑いもなく国民の参加が必要である。

　このような新しい談話主体の変化は，中国インターネットと IT 産業の発展に関係がある。成長の速度から見れば，明らかに中国の経済繁栄に関係がある。ほかに，グローバル化の視点から見れば，その変化は国際文化（たとえば，西洋の民主・市場経済など）の衝撃と影響を受けているから。政治史の角度から見れば，公共談話主体構成要素の増加と多元化は中国の現在の政治環境にも不可分である。

　強調すべきなのは，ここでの分析はただ現代中国公共談話の一方面，一レベルに対するものに過ぎない。それに我らの分析はまだ不完全である。たとえば，まだ他の主体構成要素が発掘され得る（たとえば，携帯のメッセージの一斉送信）。本章の主体分析のレベルはまだ深くない。談話の主体は実際に多種のレベルで実現できる。他にも，本章は各主体構成要素の関係も考えていない。たとえば，新聞とテレビの談話主体性の差異はどこにあるのか，その間にどのような関連があるのか。本章はいわば，鯛を釣る海老に過ぎない。より多くの学者・学生は現代中国公共談話の主体及び他の関連する問題を体系的に，突っ込んで研究することを望んでいる。

第8章　談話と人権事業

　中国のマスコミ，主な受け手は本国の国民であるけれども，グローバル化により，他の国家・地域のマスコミのように，国際化の性質，あるいはよく言われる「対外宣伝」と「国際世論」の機能は日々に強まりつつある（Shi-xu 2005）。この意味からいえば，現在すべての中国マスコミにはグローバルな一面がある。この新特徴は重要である。

　改革開放以来，特に21世紀に入った後，中国の台頭は早くなり，他の国・地区からより関心を寄せられてきている。その中の一部の人や機構は中国脅威論を打ち出している。そのような状況の下で，中国の国際的マスコミを研究するのはより重要となってくる。同様に注目に値するのは，冷戦終結の後の世界のメディア・世論と情報交流のシステムにおいて，世界唯一の超大国であるアメリカと他の西洋の大国が覇者としての地位を独占し，尊大な談話を操っている（Shi-xu 2006; Shi-xu & Kienpointner 2001）。そのような世界の談話局面における中国マスコミの運営の動きとモデル，及び文明への影響を探索することは，中国のメディア研究に対しても重要であろう。

　本章の目的は主に二つある。一つは，中国の特色を帯びる対外メディアの新視点を提示し，より全面的でより適当な中国国際メディアの新しい理論を築いてみたい。もう一つは，その視点と理論から発足し，相応の分析枠組みを提示し，したがって典型的なメディア事件に対して全面的で体系的な実証分析を行い，最後に研究結果によってより具体的な談話策略の枠組みを提示しよう。

　この研究は，前述した時代と実際の要求に応じるものであるとはいえ，我らの具体的な研究方向と問題が学術内部の環境に生み出されたのである。なぜなら，中国と世界の（メディアの）状況は既に深刻な変化が起こっている一方で，関連する理論と深層の認識論・価値観はその歴史的変化と需要を全

面的に反映することができないから。後にまた理論の補充の問題を詳しく話すが，ここではただ次のように述べておきたい。①理論概念と研究実践から中国の国際的伝達とアメリカ（西洋）の世界覇権との関係に気をつけたか。②その中での中国の国際的伝達談話構造・過程と談話策略を理解したか。それでわかったことは，中国の国際的マスコミをめぐる研究活動はまだ手薄であり，しかもよく国内のメディアを研究するというモデルを基準にしたのである。

　本書で論証しようとする新理論の視点とは，中国の異文化メディア活動は東洋文化の一部として西洋文化とやりとり（や競争）をしたりしている，世界文化における一種の特殊な談話形式とされることができ，その一つの重要な特徴はアメリカ（西洋）の国際覇権に抗うことであり，このような力のおかげで全世界メディア世論の不均衡な構造はある程度で制約されている，ということである。以下はこの主題をめぐり，①中国と国際の理論の枠組みと世界観の局限性を解釈し，学術前線の「文化談話学」の新視点を示し，②中国と国際歴史の文化コンテクストを考察し，本土に根差して世界を眺める中国の対外メディアの「文化制衡（抑制と均衡）」談話理論を描き出し，③相応の分析方法を提示し，2005 年に中国が人権問題においてアメリカとの論戦に至ったメディア談話を総合的に分析を行い，④その上で，文化覇権のメディア談話を抵抗する策略の枠組みをまとめてみたい。

　我らの目的は今までの理論と実証分析成果を否定したり，取り換えたりすることではない。しかし，本書から提示する思想は，メディアの指導者・研究者と従業者にとって認識方法と視野の面で新しい啓発を与え，中国の対外宣伝・世論活動の理解と研究のために新しい理論と分析アプローチを提供し，実証研究において対外メディアの談話分析の不足を補うことができる，と期待している。ほかに，非常な一点でもあるが，ここで提示する新観点は西洋に中国（対外）メディアへの誤解とミスリードを修正させ，西洋学術界が中国メディア談話の性質及びその国際社会と人類文明への影響をよりよく理解する一助になる，と期待している。

メディア研究パラダイムの反省と転向

　我らの研究動機と方向を説明するために，まずメディア研究の基本状況を考慮しなければならない。しかしここでそれを詳述するのではなく，ただこの研究に関連があって反省に値するところから述べよう。総合的に言えば，国内外で，中国の対内や対外のマスコミ研究は政治経済・社会学と符号学の理論を基礎とされているようである（He 2000; Lee 2000; Lee et al. 2002; McQuail 2000）。それらの理論はふつう，メディア活動を組織機構・意味符号・場合・受け手・影響及びその背後の政治・経済などの異なる要素に分析し，それらの内容と構造関係を描くのである。以下ではその中の一面性を論じよう。

　「政治経済分析」の普遍化　　「政治経済分析」を指導とする研究活動はある程度で，中国のメディアにおける政治と経済の役割を反映しているとはいえ（He 2000; Jamieson & Campbell 1983; Lee 2000），それはなんといっても西洋社会による学術理念であり，メディアのより広く，厚い歴史文化内包と文化伝統の特殊性を完全に考慮に入れていない。たとえば，孔子春秋の時代以来，何千年の間の文化伝統は言語活動を，社会を調節したり導いたりする道具と見なしているから，中国の「宣伝」という概念は西洋の「プロパガンダ」と価値志向においてまったく違い，実践においてもメディアの社会的責任と誘導作用を重要視するのである。しかし，「政治経済分析」は中国のマスコミを，政治経済要素（「イデオロギーの操作」であったり，「経済改革の要求」であったり，あるいは両方）に左右された結果と狭く解釈してしまう。

　民族国家論の狭あい性　　前述した普遍化された政治経済の枠組みには一般的に，「国民国家」という意識が含まれている。つまり，政治経済の構造は国民国家的差異があるという（Fortner 2005; Lee et al. 2002; Lu 1999）。したがって，メディアへの分析は往々に国民国家を孤立した単位とし，そのメディア生産の意義あるいは利益の追求を描くのである。そのアプローチは世界中で複雑かつ多元的な文化歴史の相互作用を捕えておらず，結局のところ，

このような研究パラダイムは常に「中国のイメージを守る」といった問題に関心を寄せて探索を行い，中国が西洋列強に凌辱されていた歴史記憶に気づかず，日々深刻になっていくアメリカ（西洋）文化覇権との関係及びその推進力を考えていない。

　「符号学」の二元対立化　　西洋の二元対立の認識論と同じ流れをくむ符号学は往々に，元々完全で複雑な意思伝達の実践過程を，各々の相異ペアに分け，それらの間にはせいぜい機械的（因果）関係がある。たとえば，対内と対外の伝達，メディアとコンテクスト，メディアと従業者，メディア機構を産出，産出と受け手，内容と形式等々，対立しているものである。したがって，それはメディアの各要素が浸透し合って変化しつつある談話の動態的過程という全体像が見えなくなってしまう。このような研究のパラダイムは，ただそれらの静態的状況と内容・結果，あるいはそれらの間の機械的関係，並びに簡単で抽象的で模糊な「有効的宣伝手段」（「適時性」「適切性」「柔軟性」「策（戦）略性」「有効性」）に関心を寄せ，国際世論ないし国際秩序に影響を与えている具体的であり，微細で確実な談話動態的過程・談話コンテクスト・談話策略に，あまり注目していない（Biagi 2002; McQuail 2000）。

　以上を踏まえて，今の主流理論は，より完全・切実で，弁証法的で動態的な認識視点を欠き，よって中国メディアの広く厚い歴史文化内包を思い及んでおらず，東西文化の相互作用，本土と全世界の相互作用，特にその中での文化不均衡による権勢の闘争と談話全体の動態的で複雑で弁証法的な過程を考えていない。したがって，その研究の結果は往々にあまりにも一面的で簡単である。理論からも中国の対外宣伝の文化軌跡をちゃんと把握できず，更に知らず知らずのうちに西洋の伝統的文化覇権意識に操られ，ひいては西洋が中国のマスコミに対する偏見と差別を間接的に助長してしまう（たとえば，Lu 1999）。これらの原因にもあるように，メディアの研究は主に中国の対内のメディア活動に限られ，対外宣伝と世論闘争の面における研究はみょうに手薄である。台頭している新興世界大国としての中国にとっては，そのような状況をすぐ変えるべきであろう。

文化談話学の新視点と中国（に対する）理論の構築

　以上に指摘した問題に基づいて，中国対外メディアの理論の革新を遂げるために，「文化談話学」に視点を取ることを勧める。ここの文化談話学の視点とは，研究は具体的な文化（地に足がつくまま），本章の研究課題に対して言うと中国文化にまず着目してから，問題を全般的に弁証法的に歴史的に動態的に見ることを指す。そのすべては中国の人文精神（ヒューマニズム）に合致し，そのような視点は国情にふさわしく中国の特色を示す。同時に，文化談話学の視点は，あらゆるレベルで，言語使用・言語策略・コンテクスト・言語使用者という，簡単に言うと談話自身が中心的で主導的な振る舞いを取っていることを強調する（Shi-xu 2005; Shi-xu 2006a）。

　もしその角度から中国の異文化マスコミ（活動）を見れば，それは中国特定の歴史と文化に浸透され，しかも東西相互作用の有機的構成要素であり，自己創造力を持っているということが判明できるであろう。では，次のキーポイントは，①中国の関連する学術（新聞学，マスコミ研究，外交学と談話学を含めて）の独特な見解を手に入れ，②中国の伝統的人文精神（たとえば，物事のバランスへの追求，言語の社会調節機能への尊重）を探り，③中国近代史が現代思想に与えた影響を追跡し，冷戦後に形成してきた世界のコミュニケーションと世論の新たな秩序を分析し，④改革開放が我が国のメディアの対外宣伝にもたらした変化と新しい特徴を見抜く，ということにある。最後に，これらの方面の情報をまとめ，「文化均衡論」という新しい理論を表す。幅広く複雑な問題であるが，ここでなるべくその綱領を書き出してみる。

　まず，論点として「文化均衡論」について説明したい。中国のメディアの対外宣伝と国際的世論闘争は，いわゆる「政治・経済」的要求を超え，国家自身の利益も超えているのであり，中国文化の考え方，歴史で圧迫された記憶，経済台頭で自信を身につけている中国メディアの対外宣伝と国際的世論闘争は世界文化の中において一種の独特な談話形式となり，しかもアメリカ・西洋覇権的国際世論システムを抵抗する東洋のパワーとなっており，そ

のパワーの作用の影響で，東西の不平等な国際世論秩序は制約されている，ということである。

　この観点は以下の四つの方面への考慮に基づいて提案されたものである。まず，最も重要でもあるのはコンテクストへの考慮である。冷戦が終わった後に，ソ連の崩壊とアメリカが世界唯一の超大国となったことで，国際的なマスコミは基本的に，西洋，特にアメリカに独占された覇権的なシステムとなった。アメリカをはじめとする西洋は尊大な談話を操り，世界の物事と秩序を裁いている（Shi-xu 1997）。同時に，そのような覇権的な局面においても，非西洋からの反抗があったとはいえ，限界があった。換言すれば，中国／東洋とアメリカ／西洋の間の異文化コミュニケーションは，完全にアメリカ／西洋に操られたわけではなく，圧迫と反抗，操作と均衡（取り）が繰り返されている動態的過程である（Shi-xu et al. 2005）。その次に，中国学術の独創的な見解並びに中国のコンテクストへの深い認識は，中国の談話コミュニケーションの伝統は，調和性・社会性と権力の均衡を尊重するのである（蔡幗芬 2002; 陳崇山など 1989; Chen 2005; 方漢奇，陳業劭 1992; 匡文波 2001; 李彬 2003; 梁家祿など 1984; 劉繼南 2002, 2004; 邵培仁，海闊 2005; 盛沛林など 2005; 俞可平など 2004; 張國良 2001）。また，一世紀余りの中国近代の歴史において，世界列強が中国人民にひどく侵略・略奪・圧迫・搾取していたのは中国民族に，百年にわたって最近まで続いた半植民地の桎梏を付けていた。そのような歴史の集団的記憶は，中国民族に一種の本能的覇権主義反対の精神を与えた（Shi-xu & Kienpointner 2001）。第四に，二十年余りの改革開放を経て，中国の経済は世界に目立った成果を収め，同時に中国の世界地位も益々上昇している。中国人はそれによって自信を取り戻し，国際社会により積極的に参加し，西洋世界と対話し，対抗したりする能力を身につけている（Shi-xu 2006b; 新華社 2004; 中国社会科学院新聞研究所と首都新聞学会 1988）。最後に，近年のメディアの談話実践を見渡してみれば，中国は国内に限らず，世界中でさらに権力不平等などの問題に注目し，弱者層に関心を寄せ，第三世界の国家と地域に同情し，国際的平和使者として勤しんでいる。西洋の強権国家と組織に対しては，中国のメディア談話が冷戦期間よりいっそう複雑で柔軟

な策略（たとえば，平和に共存する一方，とげとげしい態度を取ること）を用いているようである。そのほかに，気づくべきであったのは，新一期の指導者たちは，大国として世界における責任を果たして，中国文化の均衡思想の世界における作用を明らかに示すのを，もっと重視している。以上の原因を結びつけてみると，前述した文化均衡論の合理性と信頼性を十分に説明できると考えられる。

　とにかく，中国マスコミの対外宣伝と世論闘争を，中国と世界の歴史文化から離れて孤立した現象と見なさず，ただ中国政治権力と経済改革の矛盾あるいは民族主義の産物だけと見なさず，簡単に中国共産党及びその指導の下での政府の「喉舌」（代弁者／宣伝機関）と見なしては決していけない。全面的で確実な認識を得るため，文化談話学の視点から発足しなければならず，それを，特定の中国の歴史文化に根差して，西洋覇権主義とグローバル化と相互作用している，複雑で動態的で，弁証法的なメディア談話現象と見なす。つまり，我らの観察方法なら，必ず本土に根差して世界を眺め，中国マスコミの対外宣伝と世論闘争におけるメディア談話とコンテクストを，全般的に歴史的に弁証法的に見直す。その新たな理論視点から分析した後，提示したいのは，中国マスコミの対外宣伝と世論闘争は，中国文化の知恵，重苦しい歴史記憶，経済台頭の自信を帯び，現代文明における独特な声を出し，しかも国際世論システムにおいてアメリカ／西洋の覇権に抵抗する東洋のパワーになっている。中国対外メディアが西洋覇権に抵抗する趨向と行動により，アメリカ／西洋の世界メディア・コミュニケーションのシステムは一定の制約をされている。そのような新しい理念は，民族主義の観点と政治―経済矛盾論の観点の狭隘さを克服し，歴史文化とグローバル化の広い視野を示し，現在における，中国のマスコミによる，対外宣伝と世論闘争方面における，メディア談話の，具体的な発展軌道とそれにもたらされたある部分の文化変革を見抜けている。

メディア談話の分析の枠組み

　本章の二番目の目標は，文化均衡論という理論を，中国と西洋がマスコミにおける対話への分析に持ち込むのである。この理論に基づき，中国のメディア談話はいかに西洋の覇権を防ぐのかという問題を分析するはずであるが，これから検討しようとする焦点は，中国ニュース・メディアが西洋の覇権的メディア談話に対抗する過程における様々な談話形式と策略にある。目的がメディア談話の定性分析を通して，関連するメディアの談話パターンの理念の枠組みを立てるのにあり，あるケースにつき，つきつめ細かく研究する。具体的にいえば，中国が人権問題においてアメリカと対話したメディアの実践活動を選ぶ。その問題を取り上げて分析するのは，人権問題自体あるいは中国がその問題における表現にどのような関心を持つわけでもなく，ただそれは典型的で重大なメディア事件であるから。うまくやるために，普通のように機構や内容を偏重する調査方法で完成することができない。全面的で動態的で細かい分析は必要である（姚喜雙，郭龍生 2004; Scollon 1998; Van Dijk 1988 を参照されたい）。これで中国人権についてのメディア談話を研究する具体的問題は次のような問題を含めるべきである。

- ・メディア談話のコンテクストとは何か。
  - ａ．国際メディアの交流秩序はどうであるか。
  - ｂ．中国メディアが人権を話す前に，アメリカは何をしたか。
  - ｃ．人権を話す以外に，アメリカに関する中国メディアはまた何をしたか。
  - ｄ．選ばれたメディアの資料の代表性はどうあるべきか。
- ・メディア談話の当事者は誰か？
  - ａ．彼らは討論された話題の面でどのような地位を持ったか。
  - ｂ．彼らは国内，国際（コミュニケーション）においてどのような地位を持ったか。
- ・メディア談話の通時的運営状況はどうであるか。
  - ａ．人権問題に関する討論の時間と進め方をどのように把握したか。
  - ｂ．その問題においていかなる通時的変化があったか。

- 人権問題において，メディアはどのように相手の覇権的行為を抵抗したり弱めたりしたか。
  a．「人権問題」に関する概念はアメリカと比べたらいかなる相違点があったか。
  b．その問題において，メディアはいかに相手を再現したのか。
  c．その問題において，メディアは相手に向けてどのような行動を取ったのか。
  d．その問題において，メディアはいかに自分を再現したのか。
- 中国のメディア談話は国際コミュニケーションのシステムにどのような変化をもたらしたのか。
  a．アメリカは人権問題においていかなる変化があったのか。
  b．国際コミュニケーション談話システムの全体構造にはいかなる変化があったのか。
  c．中国自身のメディア談話はいかなる変化があったのか。

　このようなメディア談話分析の枠組みは一定の普遍性を有し，典型的な対外メディア談話のケースに沿って設けられる。

メディア談話実証分析：西洋覇権的談話を抵抗する策略とその効果

　中国とアメリカ，中国と世界のマスコミの構造関係は理論叙述の部分で言及した通り，メディア事件は必ず歴史，文化交流，文化競争の角度から見なければならない。それだけで，メディア談話の文化弁証法的特徴と動態性を認識することができる。したがって，もし中国のメディア談話をその歴史や国際文化環境から離したら，中国のメディアはただその与党政治のイデオロギーに操られ，故意に良いイメージを作り，よって自分の政権を固めると，誤って考えてしまう。以下は，中国メディアの置かれた環境，特に人権問題における外部要素をまず見よう。

　世界のメディア，意思伝達のシステムはアメリカ／西洋に独占されたシステムである。それは前述したから，ここで贅言をしない。人権問題において，事件全体の直接の口火となったのは，アメリカ国務省が世界中の多くの国家の人権現状に対する年次批評報告（http://www.state.gov/g/drl/rls/hrrpt/2004/）

である。ここ数年の間，中国はずっとその中に名がある。それらの国家は多くは非西洋国家，第三世界国家である。そのように，非西洋と第三世界国家をねらう人権現状のネガティブな評価は，まじめな異文化批評という考えのためではなく，国家間の平等交流や助け合いを行う手段ではなく，政府側の政治文書として公表された。ここで指摘する必要があるのは，アメリカはいつも「中国人権問題」を中国の貿易・外交・国際政治と繋がっており，よって別の動機を隠す。それは他者の文化を操る行為の現れであろう。そのような行為は政治的，高圧的，体系的な手段を通じて文化覇権を実施している。もちろん，アメリカ自身にも人権問題がある。たとえば，2005 年にメディアに暴かれたアメリカのイラクにおける捕虜虐待事件。後で見るが，その事件は中国の返答で繰り返し運用された論拠となった。

　逆にいえば，本当の非文化覇権的談話を実現しようとしたら，以下の条件を満たさなければならない。第一に，国際文化交流は，双方とも認められる概念から始まり，その領域で行われるべきである。第二に，もし一方が相手に道徳の方面の批評を出そうとしたら，せめてその方面での自分の行為に対して批評意識を平等に持つべきである。第三に，もし一つの文化集団は，別の文化集団がある方面で改善してほしいと考えれば，まずそちらと交流をすることで問題への合意に達し，相手が自発的に改革を行うように仕向けるべきである。しかし，現実の観察から見ると，アメリカ国務省が議会に提出した『国会人権状況報告』と『人権と民主を支持：2004 年から 2005 までアメリカの人権記録』は以上の要求を満たしていない。

　人権問題におけるそのような覇権行為があったからこそ，中国のメディアと政府は全面的な抵抗と反撃を行った。同時に，普通の民衆も類似したレスポンスをした。それらの覇権反撃の談話は，大小の様々な新聞とインターネットを含めるメディアに多く出た。以下は，当時の角度から，学術界と教育界の読者を主な対象とする『光明日報』の中の関連した材料を分析しよう。実証的材料は次の表 4 で示す。

表4

時間順	刊行物と時間	原稿の発信源と時間	タイトル	レスポンスの対象とその時間
1.	『光明日報』2005.3.3	北京3月2日に新華社より	中国はアメリカが我が国の人権状況を無理に非難することに断固反対	アメリカ国務省は2月28日に『2004年度国別人権報告書』
2.	『光明日報』2005.3.4	北京3月3日に本紙北京より	中国人権発展基金会責任者はアメリカが我が国の人権状況に対する無理な非難を譴責する	
3.	『光明日報』2005.3.4	2005年3月3日に国務院報道事務室より	『2004年アメリカ人権の記録』	
4.	『光明日報』2005.4.1	本紙より	中国はアメリカが我が国の人権状況を無理に非難したことに反対	アメリカ国務院は3月28日に人権報告を発表した。
5.	『光明日報』2005.4.14	2005年4月に国務院報道事務室より	『2004年中国人権事業の進展』	国際社会

やりとり，レスポンス

　中国はもはや十何年も前のように，敏感な問題に対するアメリカ/西洋のポジティブな報道に沈黙を守っている，あるいは国内で「沈黙を守っていた」のではない。しかも，現在では中国は毎回，アメリカ側の非難（報道で披露）を真っ向から捉え，迅速なレスポンス（短期日な）をしている。また，以前のアメリカの行動に対して，毎回にわたり中国は新聞で異なる形式の，異なる内容の多重なレスポンス行動を与えた（表4のよう）。

メディア談話の当事者

　また，新聞での発話者は政府の宣伝機関や人権に関連する政府機構（国務院報道事務室と中国政府側の新聞・ニュース社，及び中国人権発展基金会）であることに留意したい。それは，関わる談話に国家政府の効力を与えた。更に重要なのは，それらの機構はアメリカ政府と，政府的対等関係になった。

通時的運営状況

　以下では，先に紹介した『光明日報』のテクストに分析を行い，その中におけるアメリカと拮抗した談話手段と策略を取り出す（下線で示す）。

　1．まず一回目のレスポンスを見よう。

　　　外交部スポークスマン劉建超は，2日に記者の質問に答えた時，「中国はアメリカが中国の人権状況に対する道理のない非難に固く反対する」と語った。ある記者は，「アメリカ国務省は近日，『2004年度国別人権報告書』を発表し，中国の人権状況に対して（よくない）批評を出した。中国側はそれにどういう反論があるか」と聞いた。劉氏は，「アメリカ国務省が発表したいわゆる年度国別人権報告は，中国の人権状況に対しては，道理のない非難をしている。中国はそれに強い不満と強い反対を示す」と言った。彼は，「中国の人権状況のいかんは，中国人民が最も発言権を持つ。中国政府は『国民を守る，国民のため』との政治理念を貫き，民主の拡大と法治の推進といった方面において，大量の活動を展開している。中国人民の各人権を享受するレベルは全面的に高まっている」と言った。「アメリカはもっと自身の人権問題に注目してほしい。中米の人権についての対話と交流の回復に有利なことをもっと多くやってほしい。」

　そこでは，文章は多様の書き方を用いて，アメリカの報道内容への否定と報告形式の反対を示したことが見えるであろう。たとえば，①行動への反対を表す言語行為動詞「反対」，②反対の態度を表す声明「強い不満を示す」，③相手の説の無根拠「道理のない非難」「いわゆる」，④間接的に相手の発言資格の欠如「中国人民が最も発言権を持つ」，⑤非難された事実に背く証拠

を提示する「人権のレベルは全面的に高まっている」，⑥相手のその方面で
自分の問題を暗示する「もっと自分の人権問題に注目してほしい」，⑦相手
にメリットがないと暗示する「有利なことをもっと多くやってほしい」等々。
この一連のテクストの特徴は結び付き，共に相手を論破し，あるいはせめて
相手の非難を解消した。

　２．翌日に，新聞は同一事件に二種の形式のレスポンスをした。まず簡単
な報道一文を見よう（全文）。

　　　中国人権発展基金会副会長・林伯承は，「中国人権発展基金会は，中国国務
　　院報道事務室が今日発表した『2004年アメリカ人権記録』を固く支持する。
　　アメリカが中国などの190余りの国家・地区の人権状況に対する道理のない
　　非難をけん責する」と示した。林氏は「アメリカ国務省は2月28日に発表
　　した『2004年度国別人権報告書』は，中国などの他の190余りの国家・地
　　区の人権状況に対する道理のない非難をした。我々は強い反対と強烈なけん
　　責を示す」と言った。彼は，「2004年は中国人権発展の歴史において重要な
　　一年だ。この一年，中国人民は〈国家が人権を尊重し保証する〉を憲法に書
　　き込み，中国人権発展の歴史的新篇を綴り上げた。中国政府は，人を本とし，
　　民のため執政し，民主の拡大と法治の推進といった方面において，実績に富
　　む活動を大量に行い，世人の耳目を集めた偉大な成果を収めた。しかし，
　　2004年のアメリカの人権記録には悪事が数々あった。特にアメリカがイラ
　　クの捕虜を残酷に虐待したことは，あまりにも目に余る。全世界全人類の良
　　心を震撼させ国際社会の猛烈なけん責を受けた。アメリカは自分の散々な人
　　権記録を無視し，一言も触れなかったが，中国の人権の進歩を無視し，むや
　　みに非難を加えたのだ。中国政府が適時に発表した『2004年アメリカ人権
　　の記録』は，正義の堅持と実情の解明を旨にし，アメリカの人権の悪事及び
　　その強権政治，覇権主義，人権問題における二重規範の適用などに対する具
　　体的な摘発と有力な鞭撻であり，アメリカの人権への「補欠」と「注意喚起」
　　でもある」と指摘した。

　そのたびに，内容を追加し，反撃の行動もより猛烈になった。しかも手法
の上といえば，もっと方略的である（前に述べた特徴は，後で省略する）。まず，
内容と質から言えば，文章は，中国が人権問題においてより多くの積極的な

事例を上げ（「世人の耳目を集めた偉大な成果を収めた」），中国政府の対応行動を報じ（「中国政府が適時に発表した『2004 年アメリカ人権の記録』」），そして，レスポンスの内容の具体的な作用を示した（「実情の解明」「有力な鞭撻」）。第二に，最も注目に値する内容は，前日から相手の欠点を映したという方式と違って，文章で直接に相手に関わる問題における過失を明らかにし（「残酷にイラクの捕虜を虐待した」），そして相手がその問題における隠す行為を指摘した（「アメリカの人権記録には悪事が数々あった……見て見ぬふりをし，一言も触れなかった」）のである。第三に，中国側のレスポンス行動とアメリカの行為を述べた時，文章ではより強硬で，より強烈な言葉遣いをした（「猛烈なけん責」「悪事が数々」「残酷に」「震撼させ」「散々な」「むやみに非難を」「有力な鞭撻」）。第四に，文章では，多重な構成をもって対照の手法を用いている（「中国……世人の耳目を集めた偉大な成果を収めた。しかし，……アメリカ……悪事が数々あった」，「アメリカは自分の……，一言も触れなかったが，中国の……を無視し，むやみに非難を加えた」）。最後に，文章では第三者の見方も借用した（「全世界全人類の良心を震撼させ，国際社会の猛烈なけん責を受けた」）。種々の手法では，ともにアメリカの行為が納得できないことを示し，同様に相手の覇権行為を挫くという目的を遂げた。

　　3．同日，『光明日報』は第二種目のレスポンスを出した。即ち，中国国務院報道事務室からの長編報告である（http://english.people.com.cn/200503/03/eng20050303_175406.html，『人民日報』オンラインを参照されたい）。
　アメリカの覇権行為に対抗する一連の行為の特徴が文中に現れ，注目に値する。まず，はっきりとしたのは，文章は 1 ページ余りの紙幅を使い，政治・社会・文化・国際関係といった六大領域（1，生命，自由と人身安全について。2，政治権力と自由について。3，経済，社会と文化権利について。4，人種差別について。5，女性・児童権利について。6，他国人権への侵犯について）におけるアメリカの人権方面の問題を摘発した。更に人目を惹いたのは，その文章は脚注を 82 個付け，文中の情報源を提供した。これは中国の新聞にとって，異常な行為である。相手の過失をそのように大きな紙幅で述べたのは，

談話策略の一種として，相手がその方面の問題の多さを示し，したがってアメリカが中国と他の国の人権を非難したという行為の信頼性，及びそちらが人権の方面での地位を低めた。一方，出所を説明した大量の脚注は，報道者の慎重な態度と報道情報の正確さを示し，したがって報道された相手の欠点の信頼性を高めた。

また，文書の始めはその内容が「アメリカの国別人権報告」をねらいとしたものであると表明した。その段落は，以前まだ使われていない談話策略を運用した。

　　2004 年に，アメリカがイラクの捕虜をひどく虐待したスキャンダルは，アメリカ「人権神話」の反人権的面目を露呈し，人類の良心を震撼させ，国際世論から一斉に譴責を受けた。しかし，皮肉なことに，今年 2 月 28 日にアメリカの国務省は再び「世界人権の守護者」を自任し，『2004 年度国別人権報告書』を発表した。中国を含めて，190 余りの国家・地区の人権状況を勝手気ままに話しているが，自分の人権領域における数々の悪行に，まるで他人事のように，一言も触れなかった。世人はそれで目をアメリカに向け，自由の女神像の背後の人権記録をよく見るであろう。

そこでは，①相手に関する真相を暴く言語行為を取り（たとえば，「……面目を露呈し」「自分の……まるで他人事のように」「自由の女神像の背後の人権記録をよく見る」）。②諷刺ないし嘲笑をし（「人権神話」「世界人権の守護者」を自任し）），③相手の行動を滑稽に描写し（「皮肉なことに」），④相手を高慢で身の程を知らない者と描写した。このすべての談話構造は，当方のより辛辣な態度を示し，同時に相手が信じられず，それとも嘘つきであると説明した。

4．アメリカが 3 月 28 日にもう一つの人権報告（『人権と民主を支持：2004 年から 2005 までアメリカの人権記録』http://www.state.gov/g/drl/rls/shrd/2004/）を発表した後に，中国は直ちに四回目の反撃をした。

　　中国人権発展基金会責任者は前日，アメリカが再び人権報告を発表したことにつき，アメリカの中国語人権状況への無理な非難に断固反対する，とい

う意見を語った。その責任者は，「アメリカ国務省は 3 月 28 日に再びいわゆる人権報告を発表し，中国の人権が続々改善されており，巨大な進歩を獲得したという事実を無視し，中国政府を無視して非難し，中国の人権状況を中傷した。それは，アメリカ政府が他国の内政を干渉し，国連憲章，国際人権公約，国際法準則を踏みにじり，二重規範をもって人権問題において対抗的で下劣なやり方を貫く，ということを表明した。それに対して，中国人権組織は強烈な不満と断固たる反対を示す。アメリカの中国人権への無理な非難は，中国の人権建設の世の中を集めた偉大な成果を抹殺できず，変えられない。中国人民は必ず自分の国情と人権発展の道に照らして，中国式社会主義の人権建設を全面的に進め，世界人権進歩のために自分の力を寄与する。」

　今回のレスポンスでは，特に注意すべき新形式は，アメリカの再度の行動に，①よりネガティブな定義（「中傷，対抗的で下劣なやり方」），②より幅広く，より危険性のある定義（「他国の内政を干渉し」「国連憲章，国際人権公約，国際法準則を踏みにじり」）をつけた。それらの新定義から見れば，新聞のレスポンスは更に強烈になり，対決姿勢は更に厳重になった。

　5．アメリカの二回目の行動の二週間後，4 月 14 日に，『光明日報』は五回目の新たなレスポンスをした。中国国務院報道事務室は，中国人権についての報告を出し，また 1 ページ余りの紙幅を占めた（また，http://english.people.com.cn/200504/13/eng20050413_180786.html を参照されたい）。

　四回目に類似したが，そのたびにレポートに取り上げられた中国のポジティブな事例の範囲と内容は同様に，広くて深い。①公民の生存権と発展権。②公民権利と政治権利。③人権の司法保障。④経済，社会と文化権利。⑤少数民族の平等権利と特殊保護。⑥障害者権益。⑦人権領域の対外交流と連携，という七部分を含める。レスポンスの速さは特に目立った。違ったのは，報告の内容がポジティブなもの（中国人権方面の進歩）である。報告は，アメリカの報告と全く異なる内容を提供し，その目的はアメリカの非難を解消するのである。しかし，特に注目に値するのは，中国人権状況に関するポジティブな情報は範囲と内容に関して，前の何回かの文章のものより，遥かに質が高く，その反撃の力はかなり強いであろう。ちなみに，レスポンスの始めの

部分，「国際社会が中国人権状況に対する理解を得るために，只今2004年中国人権事業の進展状況を以下のように公布する」というのは，より幅広い異文化的性質を反映したが，当時のコンテクストに沿って見れば，報告の重要なねらいはアメリカ政府の中国人権に関わる政治談話である，と断定することができる。

文化闘争の効果

　中国政府側の新聞がアメリカの覇権行為に立ち向かい，迅速で，多方向的で，強烈で，内容の広く深く，戦略的な談話は，アメリカ／西洋の（メディア世論を通して実現した）文化覇権を排斥したり反抗したり解消したりする，一種の方式，一つの文化的なパワーを形成している。国内の受け手にとって，そのような談話は，アメリカの非難を弱めた。同時に，対外宣伝と世論闘争の実践活動を通して，中国のメディア談話自身は，構造と内容が変化した。いわば，より積極的に，直接に人権の討論に参加し，本土中心の文化の発展と世界文化の調和共存を促進している。グローバルな角度から見ると，世界のメディアには，アメリカと異なる声があり，しかもその声はアメリカの覇権行為を抵抗し反撃している。中国メディアの抵抗や反撃によって，国際メディア文化の覇権秩序はある程度で制約されるようになる。逆に考えると，もし中国は無言のままで，あるいは以上の効果を達成しなかったら，アメリカの世界覇権は更に全面的になり，強固になるであろう。

結語：中国国際的メディアの談話策略の枠組み

　ここまで，中国の対外メディア・コミュニケーションの西洋覇権を「（抑）制（均）衡」する理論を論じ，その理由に基づいて中国とアメリカの世論対決のケースについて全面的で弁証法的で動態的な談話分析を行った。最後に，実証分析の結果にしたがって，中国が西洋メディアの覇権を抵抗するメディア談話策略について初歩的な構想を出したい。それは，西洋と友好的な対話を取り続けると同時に，中国のメディアは文化的覇権関係と行為に対して，

①迅速に反応し，②真っ向からレスポンスを行い，③明確に反対を示し，④相手自身が関わる方面での隙，欠点をしっかり捉え，⑤反撃の力を次第に強め，⑥相手の二面性を示し，⑦自分の正義・進歩を示し，⑧実証に注意し，⑨広く例を引用し証拠を上げ，多重にレスポンスを行い，⑩暗示と皮肉を併用し，⑪相手の行為に厳粛な定義をつけ，⑫相手の論拠を否定し，発言権を弱め，⑬国家政府，民間を共同参加させる，とするべきと思う。

おわりに

　本書は脱稿しているとはいえ，完成したとは言えない。ましてや完璧に達したとは言えない。5年間かかって書いた本をまた5年間かけて改善したいと思う。より深入りするべきところが多くあり，より広げるべきところも多くある。たとえば，現代言語，伝播，談話研究の西洋中心主義の傾向に関する議論は全面的に展開されていない。中国文化と相関する学術談話の現代の転換についても深く，系統的な説明が足りない。しかし，本はいつ出版するのかと多くの友達と若い学者からよく聞かれた。彼らの好奇心をより早く満足させるために，また多くの学者と学生に理解され，現代中国談話研究パラダイムを構築する仕事と現代談話の探索研究に没入するため，私はこの本をまず出版することにした。

　本書の中で，筆者は現代中国談話の中におけるある方面について初歩的な研究を試みただけである。「現代中国談話研究」という初歩的な枠組の下で，筆者が提出した「中間プロセス」理論方法の枠組，たとえば，「海外貿易談話研究」も同じく大まかなものであり，今後はより完全な作品の登場を期待するしかない。それと同時に，入り組んでいる現代中国文化の中に，我々が発掘していく価値がある他の談話が，まだ多くあることを認識するべきである。以下，私は第4章に言及していない例をいくつか挙げる。

　⑴　大気変化の談話：我々はそれが現代中国での登場，発展，変化および国際社会とのコミュニケーション問題を現すことを試みるべきである。

　⑵　教育談話：教育談話がますます商業化していく大きな流れの下で（「教育集団のブランド作り」），我々はこうした談話が教育の社会責任を抑制する作用を脱構築し，社会（父母）が子供の健全な発展に関心を持つ意識を呼びかける。

　⑶　西部談話・農村談話：我が国の都市・農村二元構造問題，地域間格差問題に対し，我々は世の中における，たとえば，法律，政策，経済，日常生

活談話などが，農村・西部に対する不平等な現象を明らかにするべきである。

　(4)　社会的弱者談話・社会調和談話：中国社会には収入，年齢，性別，職業，健康など多くの面で，まだそれぞれ際立っている弱者が多くいる。談話研究は彼らの心の声を聞くことができ，談話中の差別を指摘する上で，より公正な談話形式を提出する。

　現代の中国談話研究は，談話研究の中国化として近年始めたばかりであり，主に国内で中国語を媒介としている。この学術の発展を推進するため，我々はまた外国語を媒介として，この仕事を世界の学界に紹介していくべきである。こうなると，我が国談話研究の国際的地位を高めることができるだけでなく，学術の異文化対話と交流を促進することもでき，さらに現代談話研究自身を充実させる。談話を中心とする研究刊行物の数が少なく，しかも主に帝国・独占的な理論，方法のシステムを頼りにしている。こうした状況の中で，我々の学者は「全面的に出撃する」という方法を選び，異なる会議，刊行物，文集の中で我々の問題を議論することができる。

　過ぎ去った改革開放四十年の間に，我が国の人文社会科学界は主に西洋（イギリス，アメリカ）の思想と方法を学び，模倣していたが，自らの国際社会における地位と声がないということである。しかし現在，我々は新たな歴史の転換点に立っている。中国の政治，経済と総合的国力はすでに質的な発展を実現した。国際社会も中国の発展に大変関心を持つようになっている。こうした新たな良好な環境が，中国の人文社会科学界にかつてないチャンスを提供した。しかし同時に，第2章の中に提示したように，我々は出版，教育ひいては全体の文化産業を含める世界資本主義の拡張につれて，西洋学術界の競争，その世界覇権の地位を固める活動が，ますます発展していくことを認識しなければならない。

　したがって，中国学者は我々が直面している挑戦と機会をはっきりと認識すると共に，民族学術の向上と国際化の面で鋭意精進するべきである。

　談話研究は西洋人に構築されたシステムであり，西洋の学術は依然として覇者の地位を占めているのに対し，中国学者の中に，一部の人は力が足らず，

恐怖さえ感じており，英語が分からない人は談話研究の精神を深く把握することができなく，英語が分かる人はまた中国文化と学術に対する理解と勉強が足りない。第1章では，実は我々は中国パラダイムを構築するための多方面の資源を持っていることを指摘した。一方で，既存の翻訳文献を除き，浙江大学現代中国談話研究センターおよび全国の大学も談話研究の普及を促進する仕事に力を入れている。より重要なのは，中国学者と学生，特に外国語に精通しており，独特な異文化間技能，視点と経験を持っている中国人はもう一度改めて中国文化と学術を研究・学習すれば，その効力がより高く，イノベーションの確率がより大きくなるだろう。したがって，新しい世代の中国の学者は，近い将来に中国の道すじを探り出す可能性が極めて高く，談話研究だけでなく，社会学，心理学，文化学，文芸学なども同じである。

　本書で提出した中国談話研究パラダイムを構築する概念は，まさに第2章で提示したように，談話構築を手段とする学術文化，政治行動であり，その目的は中国学術の発言権を取り戻し，国際的地位を築くことになり，さらにそれによって，学術文化創造の多様化する局面に達する。これから我々は同時に類似，または並行の文化学術パラダイムを探ることができ，また探るべきである（Shi-xu 2009a, b）。また，我々学者と学生は女性，少数民族または宗教の視点から新たなパラダイムを発掘し構築することができる。これらのことはいずれも談話研究を豊富に繁栄させる方式と方法である。

参考文献

Achugar, M. (2007) Between remembering and forgetting: Uruguayan military discourse about human rights (1976—2004). *Discourse and Society*. 18 (5): 521–48.

Al-Ali, M. N. (2006) Religious affiliations and masculine power in Jordanian wedding invitation genre. *Discourse and Society*. 17: 691–714.

Asante, M. K. (1998) *The Afrocentric Idea*. Philadelphia, PA: Temple University Press.

Asante, M. K. (2005) *Race, Rhetoric*, and Identity: The architecton of soul. Amherst, NY: Humanity Books.

Atkinson, J. M. and J. Heritage (1984) *Structures of Social Action: Studies in conversation analysis*. Cambridge, Paris: Cambridge University Press.

Austin, J. L. (1962) *How to Do Things with Words: The William James lectures delivered at Harvard University in 1955*. Oxford: Clarendon Press.

Ayisi, E. O. (1972) *An Introduction to the Study of African Culture*. London: Heinemann.

Banda, F. (2009) 'What can we say when the English used has gone so high-tech?' Institutionalised discourse and interaction in development projects in a rural community in Kenya. *Journal of Multicultural Discourses*. 4(2): 165–81.

Basso, E. B. (Ed.) (1990) *Native Latin American Cultures through Their Discourse*. Bloomington, IN: Indiana University Press.

Batibo, H. (2005) *Language Decline and Death in Africa: Causes, consequences and challenges*. Clevedon, UK: Multilingual Matters.

Beier, M. and J. Sherzer (2002) Discourse forms and processes in indigenous lowland South America: an areal-typological perspective. *Annual Review of Anthropology*. 31: 121–45.

Bell, A. (1991) *The Language of News Media*. Oxford: Basil Blackwell.

Berardi, L. (2001) Globalization and poverty in Chile. *Discourse and Society*. 12: 47–58.

magi, S. (2002) *Media/Impact: An introduction to mass media. Belmont*: Wadsworth Publishing.

Billig, M. (1987) *Arguing and Thinking: A rhetorical approach to social psychology*. Cambridge: Cambridge University Press.

Brady, A. (2002) Regimenting the public mind: the modernisation of propaganda in the PRC (revised version). *International Journal* (Canadian Institute of International Affairs). 57 (4): 563–578.

Brody, J. (1994) Performance and discourse: transcribing Latin American languages and cultures. *Latin American Research Review*. 29 (3): 249–56.

Brown, P. and S. C. Levinson (1987) *Politeness: Some universals in language usage*.

Cambridge: Cambridge University Press.

Bustamante, E. (1997) Limits in Latin American communication analysis. *Media Development.* XLIV: 1-7.

Cao, S. Q. (2008) The discourse of Chinese literary theory and the dialogue between Western and Chinese literary theories. *Journal of Multicultural Discourses.* 3 (1): 1-15.

Carli, A. and U. Ammon (Ed.) (2008). Linguistic inequality in scientific communication today. *AILA Review.* 20.

Casmir, F. L. (Ed.) (1974) *The International and Intercultural Communication Annual.* New York: Speech Communication Association.

Ce ' saire, A. (1972) *Discourse on Colonialism.* Trans. J. Pinkham. New York: Monthly Press.

Chasteen, J. C. (1993) Fighting words: the discourse of insurgency in Latin American history. *Latin American Research Review.* 28 (3): 83-111.

Chen, G. M. (2001) Towards transcultural understanding: a harmony theory of Chinese communication. In V. H. Milhouse, M. K. Asante and P. O. Nwosu (Ed.). *Transculture: Interdisciplinary Perspectives on cross-cultural relations.* Thousand Oaks, CA: Sage, pp. 55-70.

Chen, G. M. (2004) The two faces of Chinese communication. *Human Communication.* 7: 25-36.

Chen, G. M. (2006) Asian communication studies: what and where to now. *The Review of Communication.* 6 (4): 295-311.

Cheng, C. Y. (1987) Chinese philosophy and contemporary human communication theory. In D. L. Kincaid (Ed.). *Communication Theory: Eastern and Western perspectives.* New York: Academic Press, pp. 23-43.

Chomsky, N. and E. Herman (1988) *Manufacturing Consent: The politics of the mass media.* New York: Pantheon Books.

Chomsky, N. (1993) *Year 501: The conquest continues.* Boston, MA: South End Press.

Cooke, B. (1972) Nonverbal communication among Afro-Americans. In T. Kochman (Ed.). *Rappin' and Stylin' Out.* Urbana, IL: University of Illinois, pp. 170-186.

Cooks, L. M. and J. S. Simpson (Ed.) (2007) *Whiteness, Pedagogy, Performance.* Lanham, MD: Lexington Books.

Croteau, D. and W. Hoynes (1994) *By Invitation Only: How the media limit political debate.* Monroe, ME: Common Courage Press.

Davis, G. (2009) *Worrying about China: The language of Chinese critical inquiry.* Cambridge, MA: Harvard University Press.

Derrida, J. and G. C. Spivak (1976) *Of Grammatology.* Baltimore, London: Johns Hopkins University Press.

Dissanayake, W. (2009) The desire to excavate Asian theories of communication: one strand of the history. *Journal of Multicultural Discourses.* 4(1): 7-27.

Duncan N., P. D. Gada, M. Hofmey, T. Shefer, T. Malunga and M. Mashige (Ed.). (2002) *Discourses on Difference, Discourses on Oppression.* Cape Town, South Africa: CASAS.

During, S. (1999) *The Cultural Studies Reader.* London: Routledge.

Fairclough, N. (1992) *Discourse and Social Change.* Oxford: Polity Press.

Fanon, F. (1968) *The Wretched of the Earth.* New York: Grove Press.

Fanon, F. (1986) *Black Skin, White Masks.* Trans. C. L. Markmann. London: Pluto Press.

Feng, H. R. (2004) Keqi and Chinese communication behaviours. In G. M. Chen (Ed.). *Theories and Principles of Chinese Communication. Taipei,* Taiwan: Wunan, pp. 435-50.

Firth, R. and University of Birmingham (1951) *Elements of Social Organization.* London: Watts.

Fish, S. (1980) *Is There a Text in This Class? The Authority of Interpretive Communities.* Cambridge, MA: Harvard University Press.

Flowerdue, J. and S. Leong (2007) Metaphors in the discursive construction of patriotism: the case Of Hong Kong's constitutional reform debate. *Discourse and Society.* 18 (3): 273-94.

Fortner, R. S. (2005) *International Communication: History, conflict, and control of the global metropolis.* Illinois: Southern Illinois University Press.

Foucault, M. (1972) *The Archaeology of Knowledge and the Discourse on Language.* New York: Pentheon Books.

Fowler, R. (1991) *Language in the News: Discourse and ideology in the Press.* London: Routledge.

Freire, P. (1985) *The Politics of Education: Culture, Power and liberation.* London: Macmillan.

Garfinkel, H. (1967) *Studies in Ethnomethodology.* Englewood Cliffs, N.J : Prentice-Hali.

Gergen, K. J. (1999) *An Invitation to Social Construction.* London: Sage.

Gilbert, G. N. and M. Mulkay (1984) *Opening Pandora's Box: A sociological analysis of scientists' discourse.* Cambridge: Cambridge University Press.

Gottlieb, E, E. and T. J. La Belle (1990) Ethnographic contextualization of Freire's discourse: consciousness-raising, theory and practice. *Anthropology & Education Quarterly.* 21(1): 3-18.

Grice, P. (1975) Logic and conversation. In P. Cole and J. Morgan (Ed.). *Syntax and Semantics 3: Speech acts.* New York: Academic Press, pp. 41-58.

Gu, Y. G. (1990) Politeness phenomena in modern Chinese. *Journal of Pragmatics.* 14: 237-57.

Guan, S-j (2000) A comparison of Sino-American thinking patterns and the function of

Chinese characters in the difference. In D. R. Heisey (Ed.). *Chinese Perspectives in Rhetoric and Communication*. Stamford, Connecticut: Ablex Publishing Corporation, pp. 25–43.

Habermas. J. (2000) The public sphere. In Kate Nash (Ed.). *Reading in Contemporary Political Sociology*. Oxford: Blackwell Publishers Ltd, pp. 289–94.

Halliday, M. A. K. and R. Hasan (1976) *Cohesion in English*. London: Longman.

Halloran, J. D. (1998) Social science, communication research and the Third World. *Media Development*. 2 :1–7.

Harris, Z. S. (1952) Discourse Analysis. *Language*. 28: 1–30.

Hawk, B. (1992) *African's Media Image*. New York: Praeger.

He, Z. (2000) Chinese Communist Party press in a tug-of-war: a political-economy analysis of the Shenzhen Special Zone Daily. In C. Lee (Ed.). *Power, Money and Media: Communication patterns and bureaucratic control in cultural China*. Evanston: Northwestern University Press, pp. 112–51.

Hill, J. (1992) Myth, music, and history: poetic transformations of narrative discourse. *Journal of Folklore Research*. 27 (1–2): 115–32.

Hymes, D. H. (1974) *Foundations in Sociolinguistics: An ethnographic approach*. Philadelphia: University of Pennsylvania Press.

Irogbe, K. (2005) Globalization and the development of underdevelopment of the Third World. *Journal of Third World Studies*. xxll(l): 41–68.

Jamieson, K. H. and K. K. Campbell (1983) *The Interplay of Influence: Media and their publics in news, advertising and politics*. Belmont: Wadsworth Publishing.

Jia, W. (2001) *The Remaking of the Chinese Character and Identity in the 21st Century: The Chinese face practices*. Westport, CT: Ablex.

Kinge' l, K. (2000) Language development research in 21st century Africa. *African Studies Quarterly*. 3 (3). <http://web.africa.ufl.edu/asq/v3/v3i3a3.htrn>

Krog, A. (2008) ". . . if it means he gets his humanity back…" The worldview underpinning the South African truth and reconciliation commission. Special Issue. *Journal of Multicultural Discourses*. 3(3): 204–20.

Lauf, E. (2005) National diversity of major international journals in the field of communication. *Journal of Communication*. 55: 139–51.

Lee, C. C. (Ed.) (2000) *Power, Money and Media: Communication Patterns and bureaucratic control in cultural China*. Evanston: Northwestern University Press.

Lee, C. C., J. M. Chan, et al. (2002) *Global Media Spectacle: News war over Hong Kong*. Hong Kong: Hong Kong University Press.

Lenkersdorf, C. (2006) The Tojolabal language and their social sciences. *Journal of Multicultural Discourses*. 2 (1): I-15. Li, J. Q., C. C. Lee, et al. (2002). Global Media Spectacle. New York: SUNY Press.

Lu, S-m (2000) Chinese perspectives on communication. In D.R. Heisey (Ed.). *Chinese*

Perspectives in Rhetoric and Communication. Stamford, Connecticut: Ablex Publishing Corporation, pp. 57–65.

Lu, X. (1998) *Rhetoric in Ancient China, Fifth to Third Century B. C.: A comparison with classical Greek rhetoric.* Columbia, SC: University of South Carolina Press.

Lu, X. (1999) An ideological/ cultural analysis of political slogans in Communist China. *Discourse and Society.* 10(4): 487–508.

Lu, X. (2000) The influence of classical Chinese rhetoric on contemporary Chinese political communication and social relations. In D. R. Heisey (Ed.). *Chinese Perspectives in Rhetoric and Communication.* Stamford, Connecticut: Ablex Publishing Corporation, pp. 3 23.

McDowell, J. H. (1992) The community-building mission of Kamsa' ritual language. *Journal of Folklore Research.* 27 (1–2): 67–84.

McQuail, D. (2000) McQuail' s Mass Communication Theory. London: SAGE.

McQuail, D. (2005) Communication theory and the Western bias. In Shi-xu, M. Kienpointner, and J. Servaes (Ed.). *Read the Cultural Other: Forms of otherness in the discourses of Hong Kong's decolonization.* Berlin, Germany: Mouton de Gruyter, pp. 21–32.

Medubi, O (2009, forthcoming). A cross-cultural study of silence in Nigeria: an ethnolinguistic approach. *Journal of Multicultural Discourses.*

Mele, M. L. and M. Bello (2007) Coaxing and coercion in roadblock encounters on Nigerian highways. *Discourse and Society.* 18(4): 437–52.

Miike, Y. (2006) Non-Western theory in Western research? An Asiacentric agenda for Asian communication studies. *The Review of Communication.* 6 (1/2): 4–31.

Nodoba, G. (2002) Many languages, different cultures effects of linguicism in a changing society. In N. Duncan, P. D. Gada, M. Hofmey, T. Shefer, F. Malmya, and M. Mashige (Ed.). *Discourses on Difference, Discourses on Oppression.* Cape Town, South Africa: CASAS, pp. 331–57.

Orewere, B. (1991) Possible implications of modern mass media for traditional communication in a Nigerian rural setting. *African Media Review.* 5 (3).

Pardo, M. L. (2008) Discourse as a tool for the diagnosis of psychosis: a linguistic and psychiatric study of communication decline. Plenary speech at Spanish in Society Conference 2008: Spanish at work. Swansea University, Wales, UK.

Pennycook, A. (1998) *English and the Discourse of Colonialism.* London: Routledge.

Prah, K. K. (Ed.) (1998) Between Distinction and Extinction: *The harmonization and standardization of African language.* Johannesburg, South Africa: Witwatersrand University Press.

Prah, K. K. (Ed.). (2002) *Rehabilitating African Languages.* Cape Town, South Africa: The Centre for Advanced Studies of African Society (CASAS).

Prah, K. K. (2006) *The African Nation: The state of the nation.* Cape Town, South Africa:

The Centre for Advanced Studies of African Society (CASAS).

Pratt, M. L. (1992) *Imperial Eyes*: Travel writing and transculturation. London: Routledge.

Preuss, M. H. (Ed.). (1989) *"In Love and War: Hummingbird lore" and other selected Papers from Laila/Alida's 1988 symposium*. Culver City, CA: Labyrinthos.

Pugsley, P. (2006) Constructing the hero: nationalistic news narratives in contemporary China. *Westminster Papers in Communication and Culture*. 3(1): 78-93.

Reeves, G. (1993) *Communications and the "Third World"*. London: Routledge.

Sacks, H., E. Schegloff, et al. (1974) A simplest systematics for the organization of turn taking for conversation. *Language*. 50: 696-735.

Said, E. W. (1978) *Orientalism*. London: Routledge & Kegan Paul.

Said, E. W. (1993) *Culture and Imperialism*. New York: Alfred A. Knopf.

Scollon, R. (1998) *Mediated Discourse as Social Interaction: A study of news discourse*. London: Iongman.

Searle, J. R. (1969) *Speech Acts: An essay in the philosophy of language*. Cambridge: Cambridge University Press.

Searle, J. R. (1979) *Expression and Meaning: Studies in the theory of speech acts*. Cambridge: Cambridge University Press.

Sherzer, J. and G. Urban (1986) *Native South American Discourse*. Berlin, New York: Mouton de Gruyter.

Sherzer, J. (1990) *Verbal Art in San Blas: Kuna culture through its discourse*. Cambridge, UK: Cambridge University Press.

Shi-xu (1997) *Cultural Representations: Analyzing the discourse about the other*. New York/ Frankfurt: Peter Lang.

Shi-xu and M. Kienpointner (2001) The reproduction of culture through argumentative discourse: studying the contested nature of Hong Kong in the international media. *Pragmatics*. 11(3): 285-307.

Shi-xu (2005) *A Cultural Approach to Discourse*. Houndmills, England/ New York: Palgrave Macmillan.

Shi-xu, M. Kienpointner, et al. (Ed.)(2005) *Read the Cultural Other: Forms of otherness in the discourses of Hong Kong's decolonization*. Berlin/ New York: Mouton de Gruyter.

Shi-xu (2006a) Editorial: researching multicultural discourses. *Journal of Multicultural Discourses*. I (l): 1-5.

Shi-xu (Ed.). (2007) *Discourse as Cultural Struggle*. Hong Kong, China: Hong Kong University Press.

Spivak, G. C. (1988) *In Other Words: Essays in cultural politics*. New York: Routledge.

Storey, J. (Ed.). (1996) *What Is Cultural Studies: A reader*. London: Arnold.

Tanno, D. V. and F. E. Jandt (1994) Redefining the "other" in multi-cultural research. *The Howard Journal of Communication*. 5: 36-45.

Urban, G. (1991) *A Discourse-centered Approach to Culture: Native South American myths and rituals*. Austin, TX: University of Texas Press.

Van Dijk, T. A. (1976) *Text and Context: Explorations in the semantics and Pragmatics of discourse*. London: Longman.

Van Dijk, T. A. (1987) *Communicating Racism: Ethnic prejudice in thought and talk*. Newbury Park: Sage.

Van Dijk, T. A. (1988) *News as Discourse*. Hillsdale, N. J. : Hove, Lawrence Erlbaum Associates.

Van Dijk, T. A. (1993) *Elite Discourse and Racism*. London: Sage.

Wittgenstein, L. (1968) *Philosophical Investigations*. Oxford: Basil Blackwell.

World Heritage Centre (2008) *Operational Guidelines for the Implementation of the World Heritage Convention*. Paris: UNESCO World Heritage Centre.

Zhang, D. N. (2002) *Key Concepts in Chinese Philosophy*. Beijing, China: Foreign Languages Press.

Zhao, Y, Z. (1998) *Media, Market and Democracy in China: Between the party line and the bottom line*. Chicago: University of Illinois Press.

阿倫特・漢那・竺乾威（1999）『人の条件』上海：上海人民出版社。

蔡幗芬（2002）『国際伝播とメディア研究』北京：北京放送学院出版社。

曹順慶（2001）『中国古代文論談話』成都：巴蜀出版社。

曹順慶（2002）『異文化詩学論稿』南寧：広西師範大学出版社。

陳崇山（編著）（1989）『中国伝播効果の透視』遼寧人民出版社。

陳国明（2004）『中華伝播理論と原則』台北：五南図書出版株式会社。

陳光興（2006）『帝国を取り除く──アジアを方法にして』台北：行人出版社。

陳　平（2006）「導入，結合，創造」『当代言語学』(2)。

陳汝東（2004）『当代漢語修辞学』北京：北京大学出版社。

陳汝東（2009）「談話研究の現状と傾向」『当代中国談話研究』(1)。

陳望道（1979）『修辞学概論』上海：上海教育出版社。

方漢奇・陳劭業（1992）『中国当代ニュース事業史』北京：新華出版社。

黄宇亮・王　竹（2006）「杭州都市識別装置の解釈と実践」『華中建築』(8)。

匡文波（1992）『インターネット伝播学概論』北京：高等教育出版社。

李　彬（2003）『伝播学序説』北京：新華出版社。

梁家禄等（1984）『中国ジャーナリズム史』広西：人民出版社。

劉継南（2002）『国際伝播と国家イメージ──国際関係の新視角』北京：北京放送学院出版社。

劉金文（2006）「言語意味のコンテキスト解読」『言語応用研究』(3)：45-46。

车修鋭・秦海波（2008）「耐震専門家解釈：どうして汶川地震は倒壊した寮がこんなに多くて，誰がインターネット時代の発言権を握るか」『五邑大学学報（社会科

学版)』⑴。

潘忠党（2000）「歴史叙事及び構築の秩序」『文化研究』。

朴　羅（2008）「杭州の堅持，ドバイの啓示」『杭州通信』。

銭鐘書（1999）『管錐編』北京：中華書局。

銭冠連（1993）『美学言語学――美学の美しさと言語学の美しさ』深圳：海天出版社。

銭冠連（1992）『漢語文化語用学』北京：清華大学出版社。

申少龍（2001）『漢語文法学』南京：江蘇教育出版社。

司馬雲傑（2001）『文化社会学』北京：中国社会科学出版社。

邵培仁・海　闊（2005）『大衆マスコミ通論』杭州：浙江大学出版社。

沈開木（1996）『現代漢語談話言語学』北京：商務印書館。

盛沛林（2005）『世論戦100例（経典的事例評論）』北京：解放軍出版社。

施　旭（2006）「メディア談話中の文化制限：中国理論と実証分析」『ニュースと伝播研究』⑶：53-60。

施　旭（2008）「談話分析の文化転向：当代中国談話研究を築くパラダイムの動因，目標と策略の試み」『浙江大学学報』⑴：131-140。

施　旭（2008）「当代中国談話研究体系の築きを論じる」『当代中国談話研究』⑴：1-11。

施　旭（2008）「談話研究の視角から都市の発展を見ること」『文化芸術堅持』⑶：32-43。

施　旭・馮　冰（2008）「当代中国談話の主体分析」『中国社会言語学』10⑴：1-14。

汪　暉・陳燕谷（2005）『文化と公共性』北京：三聯書店。

汪風炎・鄭　紅（2005）『中国文化心理学』広州：暨南大学出版社。

刑福義（2000）『文化言語学』（修訂本）武漢：湖北教育出版社。

姚喜双・郭龍生（2004）『メディア言語』北京：経済科学出版社。

俞可平（2004）『グローバル化と国家主権』北京：社会科学文献出版社。

袁　暉（2000）『二十世紀の漢語修辞学』太原：書海出版社。

張国良（2001）『ニュース媒介と社会』上海：上海人民出版社。

鄭時齢（2002）「グローバル化の影響を受ける中国都市と建築」『重慶建築』⑶。

鄭子瑜（1984）『中国修辞学史籍』上海：上海教育出版社。

中国社会科学院ニュース研究所と首都ニュース学会（1988）『人民の呼びかけと自民の期待』。

周光慶（2002）『中国古典解釈学の序論』北京：中華書局。

朱　珊（2006）「娯楽文化及び当代中国の公衆談話に対する影響」『東南大学学報（哲学社会科学版）』⑹。

鄒身城（2006）「都市の個性特徴から研究し，杭州の発展定位を検討する」『中国都市発展網』<http://chinacityorgcn>。

現代中国談話研究参考文献

1 　総評・論評

Carbaugh, D. (2007) Cultural discourse analysis: communication practices and intercultural encounters. *Journal of Intercultural Communication Research*. 36(3): 167–182.

Cooks, L. M. and J. S. Simpson (Ed.). (2007) *Whiteness, Pedagogy, Performance: Dis/ Placing race*. Lanham, Md. Plymouth: Lexington Books.

Dissanayake, W. (Ed.). (1988) *Communication Theory: The Asian Perspective*. Singapore: Asian Mass Communication Research and Information Center.

Gee, J. P. (2005) *An Introduction to Discourse Analysis: Theory and method*. London: Routledge.

Heisey, D. R. and W. Gong (Ed.). (1998) *Communication and Culture: China and the world entering the 21st century*. Amsterdam and Atlanta GA: Editions Rodopi B. V.

Jones, P. E. (2007) "Why there is no such thing as critical" discourse analysis. *Language & Communication*. 27: 337–68.

Kincaid, D. R. and W. Gong (Ed.). (1987) *Communication Theory: Eastern and Western perspectives*. San Diego, CA: Harcourt Brace Jovanovich.

Miike, Y. (2006) Non-Western theory in Western research? An Asiacentric agenda for Asian communication studies. *Review of Communication*. 6 (1–2): 4–31.

Pan, Z. Chaffee, S. H., Chu, G. C. and Ju, Y. (1994) *To See Ourselves: Comparing traditional Chinese and American cultural values*. Boulder, CO: Westview Press.

Samovar, L. A., Poter, R. E. and McDaniel, E. R. (2006) *Intercultural Communication*. Belmont, CA: Wadsworth Cengage Learning.

Shi-xu (2005) *A Cultural Approach to Discourse*. Basingstoke: Palgrave Macmillan.

Shi-xu (2006a) Editorial: researching multicultural discourses. *Journal of Multicultural Discourses*. I (l): 1–5.

Shi-xu (2006b) A multiculturalist approach to discourse theory. *Semiotica*. 158(1/4): 383–400.

Tanno, D. V. and Jandt, F. E. (1993/1994). Redefining the "other" in multi-cultural research. Howard *Journal of Communication*. 5: 36–45.

Xiao, X. S. (1995) China encounters Darwinism: a case of intercultural rhetoric. *Quarterly Journal of Speech*. 81 (1): 83–99.

曹順慶（1998）『中外比較文論史：上古時代』済南：山東教育出版社。

曹順慶（2002）『異文化詩学論稿』南寧：広西師範大学出版社。

陳　平（2006）「インポート・ユウゴウ・イノベーション」『当代言語学』(2) 。

蒋原倫（1998）『伝統的な限界：記号，談話と民族文化』北京：北京師範大学出版社。

沈家煊（1998）「二十世紀の中国談話言語学」劉堅（主編）『二十世紀の中国言語学』

　　北京：北京大学出版社 743-774。

刑福義（2000）『文化言語学』武漢：湖北教育出版社。

厳　鋒（2005）『現代談話』済南：山東友情出版社。

余　虹（1999）『中国文論と西方詩学』北京：三聯書店。

2　西洋の談話研究

Austin, J. L. (1975) *How to Do Things with Words.* Oxford: Oxford University Press.

Blommaert, J. (2005) *Discourse: A critical introduction.* Cambridge: Cambridge University Press.

Brown, G. and G. Yule (1983) *Discourse Analysis.* Cambridge: Cambridge University Press.

Chouliaraki, L. and Fairclough, N. (1999) *Discourse in Late Modernity: Rethinking critical discourse analysis.* Edinburgh: Edinburgh University Press.

Coulthard, M. (1985) *An Introduction to Discourse Analysis.* London: Longman.

Fairclough, N. (1989) *Language and Power.* London: Longman.

Fairclough, N. (1992a) *Discourse and Social Change.* Cambridge: Polity Press.

Foucault, M. (1980) *Power/Knowledge: Selected interviews & other writings 1972-1977.* New York: Pentheon Books.

Kress, G. and R. Hodge (1979) *Language as Ideology.* London: Routledge and Kegan Paul.

Littlejohn, S. W. and K. A. Fross (2005) *Theories of human communication.* Belmont, CA: Wadsworth.

Van Dijk, T. A. (Ed.). (1985) *Handbook of Discourse Analysis.* London: Academic Press.

Van Dijk, T. A. (Ed.). (1997) *Discourse Studies: A multidisciplinary introduction.* London: Sage Publications.

Wetherell, M. S. T. and S. J. Yates (Ed.). (2001) *Discourse Theory and Practice: A reader.* London: Sage Publications.

陳　平（1998）「談話分析説略」『言語教学と研究』⑶。

丁言仁（2000）『語篇分析』南京：南京師範大学出版社。

廖秋忠（1991）「文章と語用及び文法の研究」『言語教学と研究』⑷。

申　丹（2004）『叙述学と小説文体学の研究』北京：北京大学出版社。

施　旭（1991）『議論・交際・誤謬』北京：北京大学出版社。

施　旭・馮　冰（1993）『談話・心理・社会』北京：中華書局。

楊信彰（2000）『談話分析入門：理論と方法』北京：外国語教学と研究出版社。

朱永生（1993）『ことば・ディスコース・コンテキスト』北京：清華大学出版社。

3　東洋の談話研究

Ajiboye, T. (2002) A new panlectal medium in Nigeria: a little but significant index. Occasional Paper. 15: 14.

Asante, M. K. (1983) *The ideological significance of afrocentricity in intercultural communication.* Journal of Black Studies. 14: 3-19.

Basso, E. B. (Ed.). (1990) *Native Latin American Cultures through Their Discourse.* Bloomington: Indiana University Press.

Bustamante, E. (1997) Limits in Latin American communication analysis. *Media Development.* XLIV.

Chang, H. C. (1997) Language and words: communication in the Analects of Confucius. *Journal of Language and Social Psychology.* 16(2):107-31

Chang, H. C., R. Holt and Luo, L. (2006) Representing East Asians in intercultural communication textbooks: a select review. *Review of Communication.* 6: 312-28.

Chatterjee, P. (1993) *Nationalist Thought and the Colonial World: A derivative discourse.* Minneapolis: University of Minnesota Press.

Chen, G. M. (2006) Asian communication studies: what and where to now. *Review of Communication.* 6: 295-311.

Chen, G. M. and Starosta, W. J. (2003) Asian approaches to human communication: a dialogue. *Intercultural Communication Studies.* 12(4):1-15

Chesebro, J. W. (1996) Unity in diversity: multiculturalism, guilt/ victimage, and a new scholarly orientation. *Spectra.* 32 (12): 10-14.

Chomsky, N. (1993) *Year 501: The conquest continues.* Boston, MA: South End Press.

Chomsky, N. and E. Herman (1988) *Manufacturing Consent: The politics of the mass media.* New York: Pantheon Books.

Chung, W., Jeong, J. and Park, N. (2005) Comparison of current communication research status in the United States and Korea. *Review of Communication.* 5: 36-48.

Croteau, D. and W. Hoynes (1994) *By Invitation Only: How the media limit political debate.* Monroe, ME: Common Courage Press.

Dissanayake, W. (1981) Towards Asian theories of communication. *Communicator: A Journal of the Indian institute of mass communication.* 16(4): 13-18.

Dissanayake, W. (1984) Paradigm dialogues: a Europocentric universe of discourse. In B. Dervin, I, Grossberg, B. J. O' Keefe and E. Wartella (Ed.). *Rethinking Communication: Vol. 1 Paradigm issues.* pp. 166-68.

Dissanayake, W. (2003) Asian approaches to human commumcation: retrospect and prospect. *Intercultural Communication Studies.* 12(4). 17-37.

Duncan, N. (Ed.). (2002) *Discourses on Difference, Discourses on Oppression.* Cape Town: Centre for Advanced Studies of African Society (CASAS).

Frith, M. and F. K. T. (1989) *The need for bridges. Journal of Communication.* 39(2): 183-86.

Canclini, G. N. (1988) Culture and power: the state of the research. *Media, Culture and Society.* 10: 467-98.

Gomes de, F. (1966) First Latin American congress of linguistics, philology and language teaching. *The Model Language Journal.* 50(4): 213‑15.

Hall, S. (1992) The West and the Rest: discourse and power. In Stuart Hall and Bram Gieben (Ed.). *Formations of Modernity.* Cambridge: Polity Press.

Halloran, J. D. (1982. 2) Social science, communication research and the Third World. *Media Development.*

Hawk, B. (1992) African's Media Image. New York: Praeger. Herman, E, and McChesney, R. (1997) *The Global Media: The new missionaries of global capitalism. London: England Casse.*

Hirst, P. (1993) *An answer to relativism.* In Squires, J. (Ed.). Principled Positions. London: Lawrence and Wishar.

Irogbe, K. (2005) Globalization and the development of underdevelopment of the Third World. *Journal of Third World Studies.* 22(1): 41‑68.

Ishii, Satoshi (2001a) An emerging rationale for tri world communication studies from Buddhist perspectives. *Human Communication.* 4 (1): 1‑10.

Ishii, S. (2006) Complementing contemporary intercultural communication research with East Asian sociocultural perspectives and practices. *China Media Research.* 2 (I): 11‑20.

Lent, J. (1979) Mass communication in the Third World: some ethical considerations. *Third World Mass Media: Issues, theory and research.* Willamsburg, Virginia: College of William and Mary, Department of Anthropology, pp. 1‑16. (Studies in Third World Societies. Publication No. 9).

Makoni, S. et al. (Ed.). (2000) *Language and Institutions in Africa.* Cape Town: The Centre for Advanced Studies of African Society (CASAS).

Miike, Y. (2003) Toward an alternative metatheory of human communication: an Asiacentric vision. *Intercultural Communication Studies.* 12(4): 39‑63.

Miike, Y. (2006) Non-Western theory in Western research? An Asiacentric agenda for Asia communication studies. *The Review of Communication.* 6 (1‑2): 4‑31.

Miike, Y. (2007) An Asiacentric reflection on Eurocentric bias in communication theory. *Communication Monographs.* 74 (2): 272‑78.

Thiong'o, Negri wa. (1986) Decolonising the Mind: The politics of language in African literature. Nairobi: Heinemann Kenya.

Okabe, R. (1991) Intercultural assumptions of communication and rhetorical theories: East and West. In P. G. Fendos, Jr. (Ed.). *Cross-cultural Communication: East and West.* Tainan: Department of Foreign Languages and Literature, National Cheng-Kung University Press. pp. 71‑93.

Orewere, B. (1991) Possible implications of modern mass media for traditional communication in a Nigerian rural setting. *African Media Review.* 5(3).

Park, W. S. (2007) Ethics of expression in Greco Roman and Chinese tradition.

International Area Studies. 10 (1): 91-108.

Prah, K. K. (Ed.) (1998/2005) *Between Distinction and Extinction: The harmonization and standardization of African language.* Johannesburg: Witwatersrand University Press.

Prah, K. K. (2002) *Rehabilitating African Languages.* Cape Town: The Centre for Advanced Studies of African Society (CASAS).

Prah, K. K. (2006) *The African Nation: The state of the nation.* Cape Town: The Centre for Advanced Studies of African Society (CASAS).

Preuss, M. H. (1989) *"In Love and War: Hummingbird Lore" and Other Selected Papers from Laila/Alila s 1988 Symposium.* Culver City: Calif Labyrinthos.

Riggs, F. W. (1987) Indigenous concepts: a problem for social and information science. *International Science Journal.* 114: 607-617.

Sherzer, J. (1990) *Verbal Art in San Blas: Kuna culture through its discourse.* Cambridge: Cambridge University Press.

Sherzer, J. and G. Urban (1986) *Native South American Discourse.* New York: Mouton de Gruyter.

Shi-xu (2009) Reconstructing Western paradigms of discourse studies. *Journal of Multicultural Discourses.* 4 (l): 29-48.

Shi-xu (2009) Asian Discourse Studies: foundations and directions. *Asian Journal of Communication.* 19 (4).

Shome, R. and Hedge, P. R. (2002) Postcolonial approaches to communication: charting the terrain and engaging the intersections. *Communication Theory.* 12 (3): 249-70.

Urban, G. (1991) *A Discourse-centered Approach to Culture: Native South American myths and rituals.* Austin: University of Texas Press.

White, H. (1988) Economic prediction using Neural Networks: the case of the IBM daily stock returns. *Proceedings of the IEEE International Joint Conference on Neural Networks,* pp. 451-58.

Wong, P. and Manvi, M. et al. (Ed.). (1995) Asiacentrism and Asian American studies? *Amerasia Journal.* 21 (1/2): 137-47.

陳光興（2004）「アジア独立の問題」『現代思想』(2)。

陳光興（2006）『帝国を取り除く──アジアを方法にして』台北：行人出版社。

陳汝東（2004）『当代漢語修辞学』北京：北京大学出版社。

単　波（2004）「現代メディアと社会，文化発展」『現代伝播』(1)。

高祖貴（2004）「アジア・アフリカ・ラテンアメリカ地区の情勢を振り返る」『アジア・アフリカ縦横』(1)。

溝口雄三（1999）『"方法" としての中国』台湾：国立編訳館。

申少龍（2001）『漢語文法学』南京：江蘇教育出版社。

刑福義主編（2000）『文化言語学』（修訂本）武漢：湖北教育出版社。

沈開木（1996）『現代漢語談話言語学』北京：商務印書館。

4　伝統的な中国文化談話研究

Chad, H. (1985) Chinese language, Chinese philosophy, and "truth". *The Journal of Asian Studies.* 44(3): 491-591.

Garrett, M. M. (1993a) Pathos reconsidered from the perspective of Chinese classical rhetorics. *Quarterly Journal of Speech.* 79: 19-39.

Gibbs, D. (1985) *Literary Theory in Wenxin Diaolong.* Seattle: University of Washington Press.

Hall, D. L. and R. T. Ames (1987) *Thinking through Confucius.* Albany, NY: State University of New York Press.

Lu, X. (1998) *Rhetoric in Ancient China, Fifth to Third Century B. C.: A comparison with classical Greek rhetoric.* Columbia: SC University of South Carolina Press.

Oliver, R. T. (1971) *Communication and Culture in Ancient India and China.* Syracuse, NY: Syracuse University Press.

T u, W. (1979) Ultimate transformation as a communal act: comments on modes of self-cultivation in traditional China. *Journal of Chinese Philosophy.* 6: 237-46.

W u, Z. and Lv (2007) Discourse of Chinese medicine and westernization. In Shi-xu (Ed.). *Discourse as Cultural Struggle.* Hong Kong: Hong Kong University Press.

Xiao, X. S. (1996) From hierarchical ren to egalitarianism: a case of cross-cultural rhetoric meditation. *Quarterly Journal of Speech.* 82(1): 38-54.

Xie, L. (2004) *Dragorrcarving and the Literary Mind.* Beijing: Foreign Language Teaching and Research Press.

Youlan, F. (1989) *Chuang-Tzu: A new selected translation with an exposition of the philosophy of Kuo Hsiang.* Beijing: Foreign Languages Press.

Yum, J. O. (1988) The impact of Confucianism on interpersonal relationships and communication patterns in East Asia. *Communication Monographs.* 55: 374-88.

曹順慶（2001）『中国古代文論談話』成都：巴蜀出版社。

郭紹虞（1999）『中国文学批判史』上・下巻，天津：百花文芸出版社。

孟藍天（1993）『中国文論精華：注釈・現代の訳文・解析』河北：河北教育出版社。

宋生貴「虚実相生の美学特質及び文化由緒」『固原師範専門学校学報（社会科学版）』⑵：1-4

涂光社（1999）「『文心雕龍』"談話"の現代啓示」遼寧大学学報⑶：10-13。

鄭子瑜（1984）『中国修辞学史籍』上海：上海教育出版社。

周光慶（2002）『中国古典解釈学の序論』北京：中華書局。

楊玉華（2000）『文化転換と中国古代文論の変転』成都：巴蜀出版社。

5　現代中国文化談話研究

Barnett, A. D. (1967) A Note on communication and development in communication in China. In D. Lerner and W. Schramm (Ed.). *Communication and Change in Developing Countries*. Honolulu, HI: University Press of Hawaii, pp. 231–34.

Chang, H. and R. Holt (1991) More than relationship: Chinese interaction and the principle of Kuan-hsi. *Communication Quarterly*. 39: 251–71.

Chaög, H. and R. Holt (1994) A Chinese perspective on face as inter-relational concern. In S. Ting-Toomey (Ed.). *The Challenge of Face Work*. Albany, NY: State University of New York Press, pp. 95–132.

Chang, H. and R. Holt (1996) An exploration of interpersonal relationships in two Taiwanese computer firms. *Human Relations*. 49:1489–1517.

Chen, G. M. (2001) Towards transcultural understanding: a harmony theory of Chinese communication. In V. H. Milhouse, M. K. Asante and P. O. Nwosu (Ed.). *Transcultural Realities: Interdisciplinary Perspectives on cross-cultural relations*. Thousand Oaks, CA: Sage, pp. 55–70.

Chen, G. M. (2005) The two faces of Chinese communication. *Human Communication*. 7: 25–36.

Chen, G. M. (2006) Asian communication studies: what and where to now. *Review of Communication*. 6(4): 295–311.

Cheng, C. Y. (1987) Chinese philosophy and contemporary human communication theory. In D. L. Kincaid (Ed.). *Communication Theory: Eastern and Western perspectives*. New York: Academic Press, pp. 23–43.

Chesebro, K. and Lee (2007) Strategic transformations in power and the nature of international communication theory. *China Media Research*. 3(3): 1–13.

Chu, G. C. and Ju, Y. (1993) *The Great Wall in Ruin: Communication and cultural change in China*. Albany, NY: State University of New York Press.

Gao, G. and S. Ting-Toomey (1998). *Communicating Effectively with the Chinese*. Thousand Oaks, CA: Sage.

Gu, Y. G. (1990) Politeness phenomena in modern Chinese. *Journal of Pragmatics*. 14: 237–57.

Heisey, R. (Ed.). (2000) *Chinese Perspectives in Rhetoric and Communication*. Ablex: Greenwood.

Jia, W. S. (1997) Facework as a Chinese conflict-preventive mechanism—a cultural/discourse analysis. In G. Chen (Ed.). *Intercultural Communication Studies*. V II (I). Newbury, CA: Sage.

Jia, W. S. (2000) Chinese communication scholarship as an expansion of the communication and culture paradigm. *Chinese Communication Research*, pp. 139–61.

Jia, W. S. (2000) The studies of Chinese political culture from the perspective of communication as social construction. In G. Guo Sujian, Baogang (Ed.). *Challenges Facing Chinese Political Development*. New York: Lexington Rowan Littlefield

200

publishers.

Jia, W. S. and D. R. Heisey, et al. (Ed.) (2002) *Chinese Communication Theory and Research.* Ablex: Greenwood.

Lau, T. Y. (1995) Chinese communication studies: a citation analysis of Chinese communication research in English language journal. *Scientometrics.* 33(1): 65-91.

Ma, R. (1992) The role of unofficial intermediaries in interpersonal conflicts in the Chinese culture. *Communication Quarterly.* 40: 269-78.

Ma, R. (1996) Saying "yes" for "no" and "no" for "yes" a Chinese rule. *Journal of Pragmatics.* 25: 257-71.

Shi-xu (Ed.). (2007) *Discourse as Cultural Struggle.* Hong Kong: Hong Kong University Press.

Stowell, J. (1996) *The changing face of Chinese communication: A synthesis of interpersonal communication concepts.* San Diego, CA: Academic Press.

Yu, F. T. C. (1964) *Mass Persuasion in Communist China.* New York: Frederick A Praeger.

Yum, J. O. (2007) Confucianism and communication: jen, li and ubuntu. *China Media Research.* 3(4): 15-22.

Zongqi, C. (2001) *A Chinese Literary Mind: Culture, creativity, and rhetoric in Wenxin Diaolong.* Stanford: Standford University Press.

曹順慶（2003）「対話の中で文学理論を構築する中国談話」『社会科学研究』(4)。

曹順慶（2007）「文学概論を書き直す――基本経路を建て直す中国文論談話」『西南民族大学学報（人文社会科学版)』(3)。

曹順慶・譚　佳（2004）「中国文論を建て直すまた一つの有効な経路：西洋文論の中国化」『外国文学研究』(5)。

陳国明（主編）（2004）『中華伝播理論と原則』台北：五南図書出版株式会社。

鄧新華（2004）『中国伝統的な文論の現代反映』四川：巴蜀出版社。

黄力之（2001）『中国談話：当代審美文化史論』北京：中央編訳出版社。

李夫生・曹順慶（2004）「中国文化談話を建て直す新視野――西方文論の中国化」『理論と創作』(4)。

彭民権（2004）「談話再建：20世紀60年代初の文学理論――周揚の『文学概論』から」『文芸理論と批判』(1)。

銭冠連（1992）『漢語文化語用学』北京：清華大学出版社。

申少龍（2001）『漢語文法学』南京：江蘇教育出版社。

沈開木（1996）『現代漢語談話言語学』北京：商務印書館。

施　旭（2008）「中華談話研究体系の築きを論じる」『当代中国談話研究』1(1)：1-12。

童家炳（2004）『二十世紀の中国文論経典』北京：北京師範大学出版社。

王福祥（1989）『漢語談話言語学の初歩的研究』北京：商務印書館。

王建華・周明強・盛愛萍（2002）『現代漢語コンテキスト研究』杭州：浙江大学出版

社。

楊俊蕾（2003）『中国当代文論談話の転換研究』北京：中国人民大学出版社。

袁　暉（2000）『二十世紀の漢語修辞学』山西：書海出版社。

周光慶（2002）『中国古典解釈学の序論』北京：中華書局。

周明強（2005）『現代漢語実用コンテキスト研究』杭州：浙江大学出版社。

6　談話分類研究

Kluver R. (1996) *Legitimating the Chinese Economic Reforms.* Albany, NY: State University of New York Press

李　岩（2005）『媒介批判：立場・範疇・命題・方式』杭州：浙江大学出版社。

廖美珍（2003）「中国法廷の相互行為に関する構造研究」『言語科学』(5)。

邵培仁・海　闊（2005）『大衆マスコミ通論』杭州：浙江大学出版社。

施　旭（2008）「談話研究の視角から都市の発展を見ること」『文化芸術堅持』(3)：32-43。

施　旭・馮　冰「当代中国談話の主体分析」『中国社会言語学』10(1)：1-14。

張国良（2001）『ニュース媒介と社会』上海：上海人民出版社。

張旭東（2005）『グローバル化時代の文化的アイデンティティ：西洋普遍的主義談話の歴史批判』北京：北京大学出版社。

7　アジア・アフリカ・ラテンアメリカ言語研究のインターネット・リソース

1. The Third World

   Third World Quarterly:

   http://www.informaworld.com/smpp/titlecontent──t713448481

2. Asia

   (1) Asian Communication Research:

   http://www.asiancommunicationresearch.com/

   (2) Asian Research Center:

   http://www.stjohn.ac.th/arc/01main.htm

   (3) Southeast Asia Research Centre:

   http://www.cityu.edu.hk/searc

   (4) Asian Media Information and Communication Centre:

   http://www.amic.org.sg/

   (5) Asian Mass Communication Research & Information Centre:

   http://sunsite.nus.edu.sg/amic/

   (6) Asian Communication Resource Centre (ACRC):

   http://www.ntu.edu.sg/sci/research/acrc.html

   (7) Research Institute for Languages and Cultures of Asia and Africa:

   http://www.aa.tufs.ac.jp/index_e.html

3. Africa

   (1) CODESRIA (Council for the Development of Social Science Research in Africa):
   http://www.codesria.org/
   (2) African Studies Quarterly:
   http://web.africa.ufl.edu/asq/v8/v8i2a15.htm
   (3) South African Commmunications Association:
   http://www.ukzn.ac.za/sacomm
   (4) Africa-Communication Syracuse University Library:
   http://library.syr.edu/research/internet/africa/generalia.html
   (5) African Studies:
   African Studies:
   http://www.columbia.edu/cu/lweb/indiv/africa/cuvl/langs.html
   (6) http://www.columbia.edu/cu/lweb/indiv/africa/cuvl/langs.html
   African Studies Center:
   http://www.africa.upenn.edu/About_African/ww_langsofw.html

4. Latin America

   (1) Latin American Association of Linguistics and Philology:
   http://www.mundoalfal.org/
   (2) The Latin American Studies Association:
   http://lasa.international.Pitt.edu/
   (3) Inter-American Program:
   http://www.acdi-cida.gc.ca/CIDAWEB/acdicida.nsf/En/JUD-32712382-NPB

訳者あとがき

　本訳書の著者施旭（シーシユウ）教授は 1960 年，内モンゴルに生まれ，1996 年アムステルダム大学で談話分析を研究し，博士号を取得。従来の学者は西洋で博士号を取得，帰国し，西洋の学説を拡大させることが一般的であったが，施旭教授は別の道を歩いた。それが文化談話分析（Cultural Discourse Analysis）というオリジナル研究分野を開拓し，新たなパラダイムを立ち上げることだった。それから 25 年間，CDS 領域の開拓者として世界中に知られる存在になった。Palgrave Macmillan，Routledge，Mouton de Gruyter など世界の出版社で学術書を出版，SSCI ジャーナルで 100 本以上の論文を発表した。中国談話分析の代表者である。

　訳者と施旭教授との出会いは，2011 年の一本の電話からである。震える手で，先生に要件を申し上げた時，電話の向こう側で温かい声で緊張感も解け，申し上げた件に快適していただいた。それは文化談話分析との出会いの原点ともなった。それから，10 年ほど，先生が主催していた国際会議での発表，講座などの活動の機会も設けていただき，若手の研究者育成にも力を入れていただいている。本書を翻訳する意味もそこにある。

　20 世紀後半からの英米を中心とする談話分析は，従来の「言葉／行為」といった言語学的な分割を乗り越え，人文社会の各領域に浸透する展開を見せている。その中で，批判的談話分析はディスコース分析を通して，テキストの中のパワー関係やイデオロギー，社会的不平等などを扱い，移民問題，人権問題を解決しようとする。だが，中国，日本の研究者にとって，西洋アカデミック・コミュニティが関心を持つ移民，人種主義問題は，何となく遠い国の話のような印象がある。文化，哲学社会現象，関心も異なる一方，西洋理論の普遍性に疑問を持つ。

　著者はこれらの談話分析理論から，距離をとる。談話にまつわる人間の営みの本質は，文化にあると考え，談話に浸透している文化の働きを明確にし，新しい考えかた，見方を示してくれることになる。著者は談話分析を用いて

社会現象のメカリズムを解明する鍵も文化にあると主張し，中国文化の古層から，多分野の研究手法を横断し，文化に根ざしたディスコース研究へ向かう手法を模索する。それによって，中国の社会現象，問題を今までとは違った見え方ができるようになる。

＊

　本書は施旭教授の代表作『文化话语研究：探索中国的理论，方法与问题』の訳である。本書で文化的談話分析（カルチュラル・ディスコース・スタディー／CDS）というパラダイムを打ち立てる。中国現象は中国生まれのパラダイムでイーミックな視点で読む。その意味で本書は，多様性と複雑性を持ち，中国現象を読むにも十分に有効な処方箋を提供する。また，この一冊は中国の社会問題をディスコース視点から迫った初の本格的な著作といってよい。

　本書の特徴は内容が体系的でありながら理論，方法論と具体的な分析もすべて見せる。理論的な緻密性を保ちながら，予備的な知識がなくても理解できるように書かれている。やや難しい箇所もあるが，学術用語を除き，叙述が分かりやすい。二番目の特徴はこれまでの学説を踏まえながら，それを超える知見を示した点である。

　第一部は4章である。まず，談話分析の基本的な用語を中心に，この研究領域をレビューする。今までの談話分析の分析限界を示しながら，文化から再出発し，チャイナ問題と真剣に向き合う。次に文化的談話分析のパラダイム，方法論と具体的な内容，および必要性を述べる。第二部では，4章に分けて，中国の社会でもっとも注目される問題（都会発展，貿易摩擦，公共領域と人権事業）に問いかけ，文化的談話分析のパラダイム，アプローチを実践で検証する。CDSを用いて，ディスコースを軸に，それぞれの中国の発展に伴う様々な問題をより総合的に検証し，手繰りながら真実を探る。最後に文化的談話分析とは中国問題・現象を解く導きの糸になるということを証明する。

＊

　本書で想定されている第一の読者は，談話分析や隣接分野の研究者です。ディスコースあるいは談話分析について耳にすることがあるのだが，実際に

どんなものなのだろう，と考えている方。既に研究をされている方は，既存の談話分析理論の方法に物足りなさを感じている方に向けられています。

　第二の想定読者は談話分析をはじめ，様々な分野で学ぶ大学院生・大学生たちです。本書は CDS のパラダイム，アプローチ及びケーススタディーを揃えており，なぜ中国はこのような社会現象を持っているのかという質問を，自ら解決してみたい学生たちに向けられています。

　第三の想定読者は，中国と関係してさまざまな領域の現場に携わって仕事をしている実践家たちです。つまり，さまざまな領域の実践家で，自らが参加するディスコースに関心があって，いろいろな観点から考えてみる，よい手だてを探している方に向けています。要するに，中国という迷宮の幻像に陥落することもない，「本質的にはわからない，把握しきれない風景」をわからないままにしておきたくない人に，本書が向けられている。

　実は，2010 年から CDS が中国をはじめ，世界のアカデミック・コミュニティで大きな影響を与えた。Google scholar で検索すると，CDS 関連論文は大量な検索数がでる。中国の人文科学者は各領域で CDS の有効性を検証し続けている。この一冊の本を読んで，一体，中国のトップ学者が何を考えているかわかるでしょう。著者の壮大な野心を秘めたこの本は，興奮とともにさまざまな思いを誘って，ディスコースの世界をともに構築していくことになるでしょう。

　本訳書が成るにあたっては，八朔社の片倉和夫社長に打診段階から大変お世話になった。企画，出版，そして神戸の海側カフェでおいしいコーヒーもご馳走になり，この場を借りて改めて感謝の意を表したい。また，中国社会科学「中華学術外訳」基金，北京大学出版社，中南財経政法大学にも感謝の意を表したい。

2019 年　武漢東湖にて

[著者紹介]

施旭（シーシユウ）　1960 生まれ，1996 年アムステルダム大学で博士号取得。オーランド，シンガポール，イギリスで講師，准教授を経て，現在中国杭州師範大学教授（中華人民共和国教育部，「長江学者奨励計画」特別招聘教授），現代中国談話研究院院長。文化談話分析（Culture Discourse Analysis）の創始者として，人権，貿易，安全など談話領域で 100 本以上の論文を発表, *Journal of Multicultural Discourses* を創刊し，編集長を担当。個人 HP：shixu.hznu.edu.cn

[訳者紹介]

袁園（エンエン）　1982 年湖南長沙生まれ，2003-2010 年日本留学。2010 年神戸大学で博士号取得。現在，中南財経政法大学准教授，日本語学科学科長。談話分析，会話分析などの領域で 20 本の論文を発表。findyuan@gmail.com

文化的談話分析　中国を探る理論・方法

2020年2月10日　第1刷発行

著　者　　施　　　旭

訳　者　　袁　　　園

発行者　　片倉和夫

発行所　株式会社　八　朔　社
101-0062 東京都千代田区神田駿河台1-7-7
Tel 03-5244-5289　　Fax 03-5244-5298
E-mail：hassaku-sha@nifty.com

ⓒ袁　園, 2020

組版・森健晃／印刷製本・厚徳社

ISBN978-4-86014-093-9

——— 八朔社 ———

譚暁軍著
現代中国における第3次産業の研究
サービス業および軍需産業の理論的考察　　　　　　四〇〇〇円

王秀鑫・郭徳宏著／石島紀之監訳／『抗日戦争史』翻訳刊行会訳
中華民族抗日戦争史
（1931〜1945）　　　　　　　　　八九〇〇円

程恩富・胡楽明編著／岡部守・薛宇峰監修
経済学方法論
（上）中国マルクス主義経済学の視点
（下）中国マルクス主義経済学の外延的拡大　　各巻四二〇〇円

村上　裕著
中国・社会主義市場経済と国有企業の研究
鉱工業部門についての考察　　　　　　　　　六五〇〇円

西田司・小川直人・西田順子著
グローバル社会のヒューマンコミュニケーション　二〇〇〇円

定価は本体価格です